CE LIVRE APPARTIENT À :

_ _ _ _ _ _ _ _ _

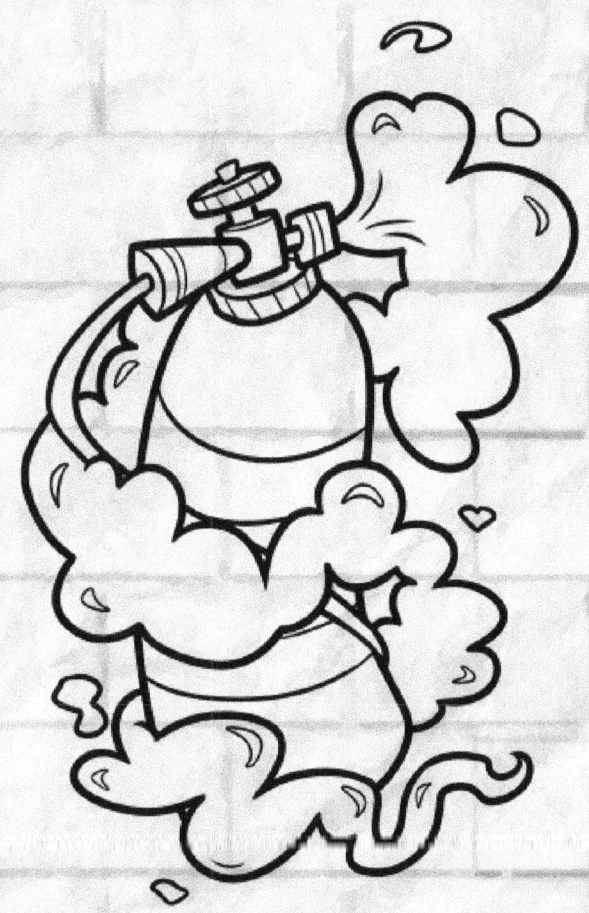

C'EST PARTI!

APPRENDRE PAR ETAPE

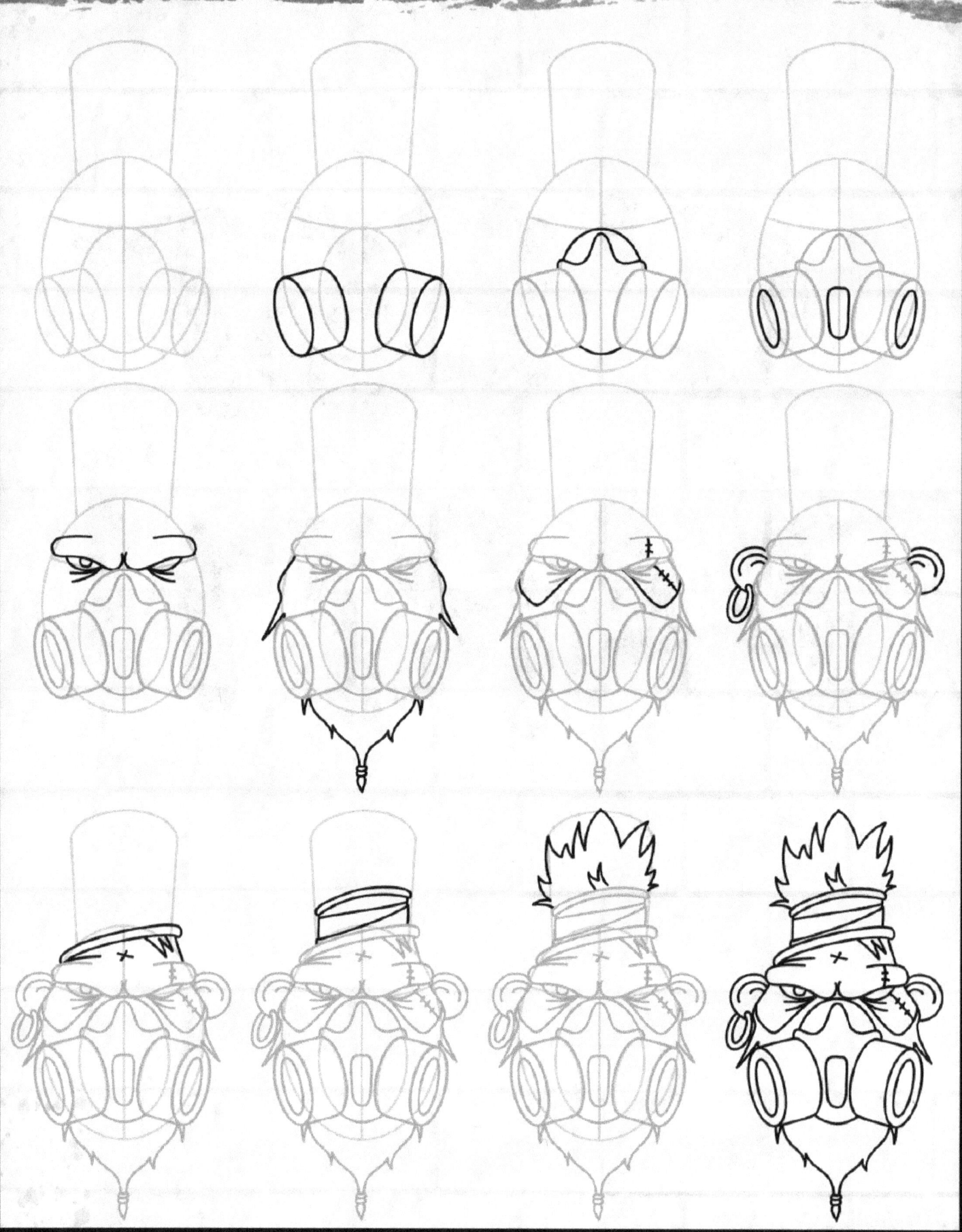

C'EST À VOTRE TOUR!

APPRENDRE PAR ETAPE

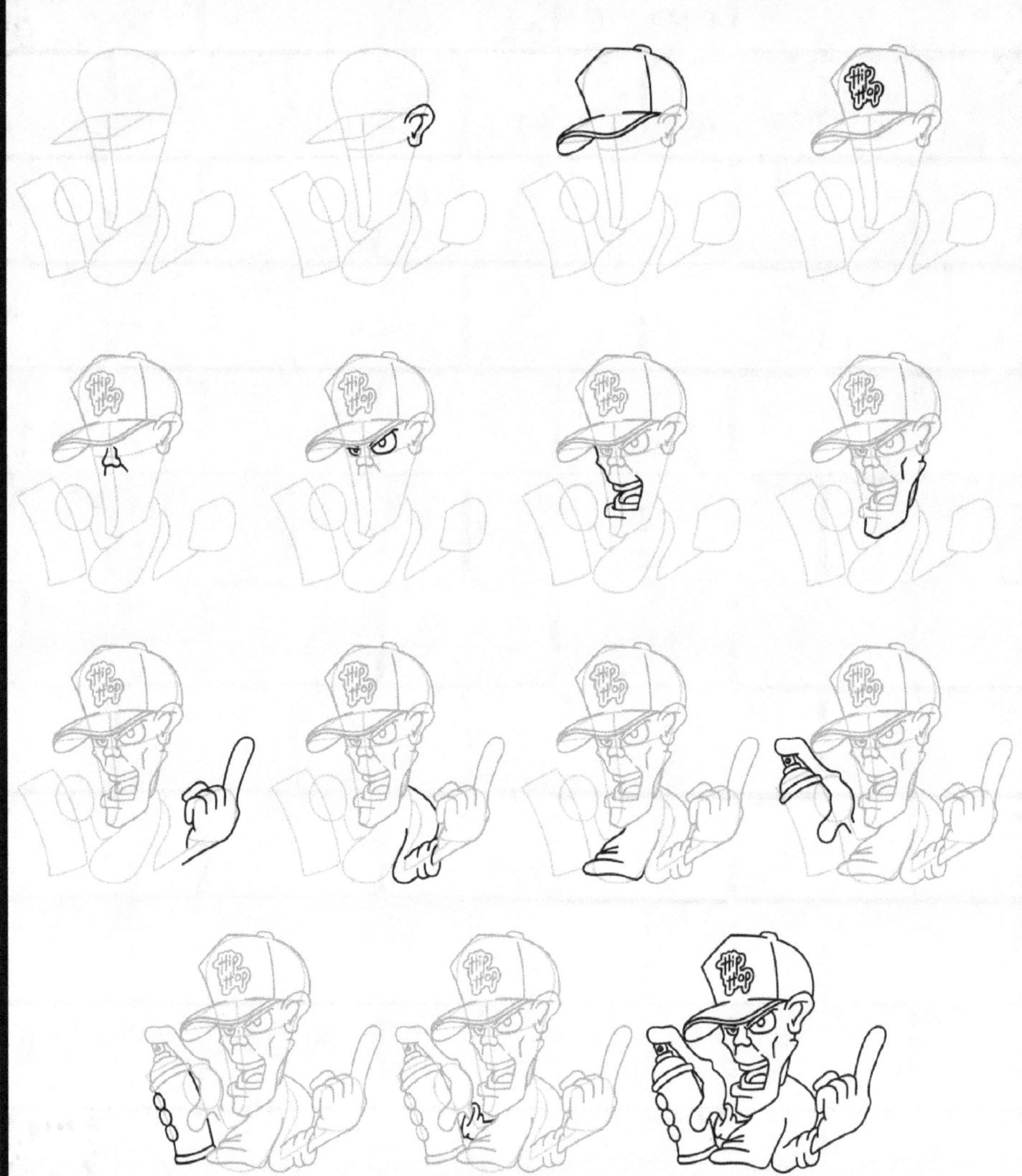

C'EST À VOTRE TOUR!

APPRENDRE PAR ETAPE

C'EST À VOTRE TOUR!

C'EST À VOTRE TOUR!

APPRENDRE PAR ETAPE

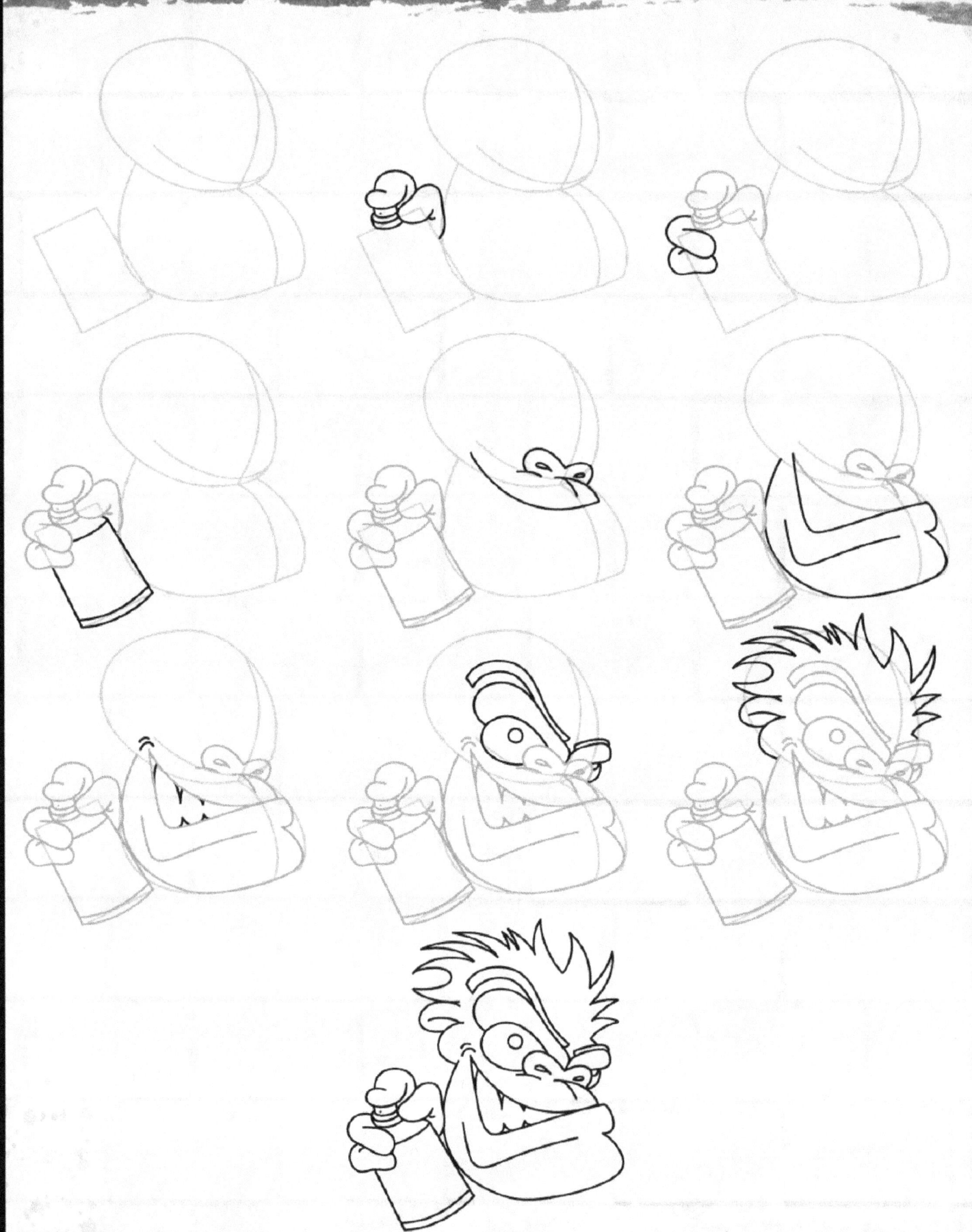

C'EST À VOTRE TOUR!

APPRENDRE PAR ETAPE

C'EST À VOTRE TOUR!

APPRENDRE PAR ETAPE

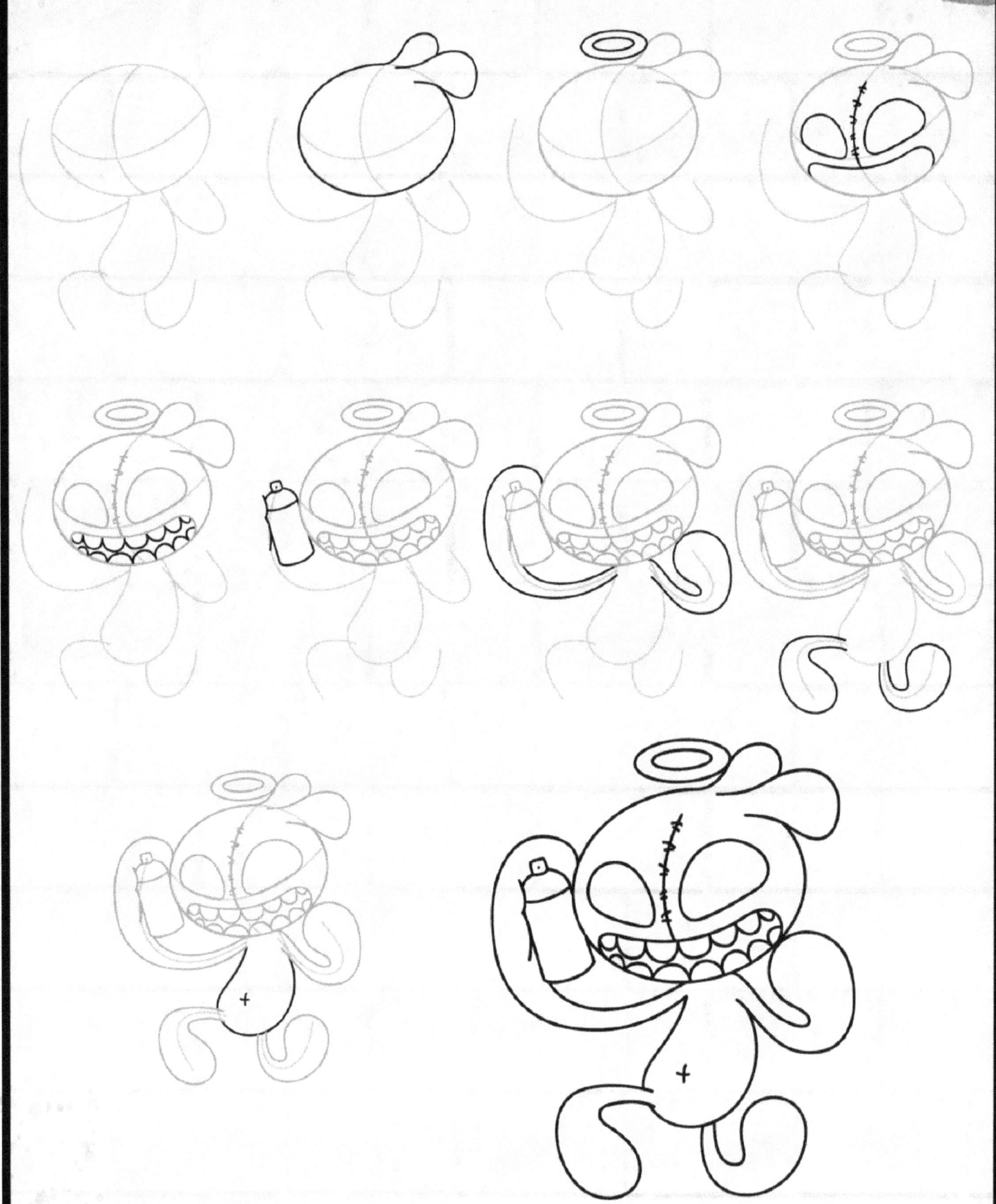

C'EST À VOTRE TOUR!

APPRENDRE PAR ETAPE

C'EST À VOTRE TOUR!

APPRENDRE PAR ETAPE

C'EST À VOTRE TOUR !

APPRENDRE PAR ETAPE

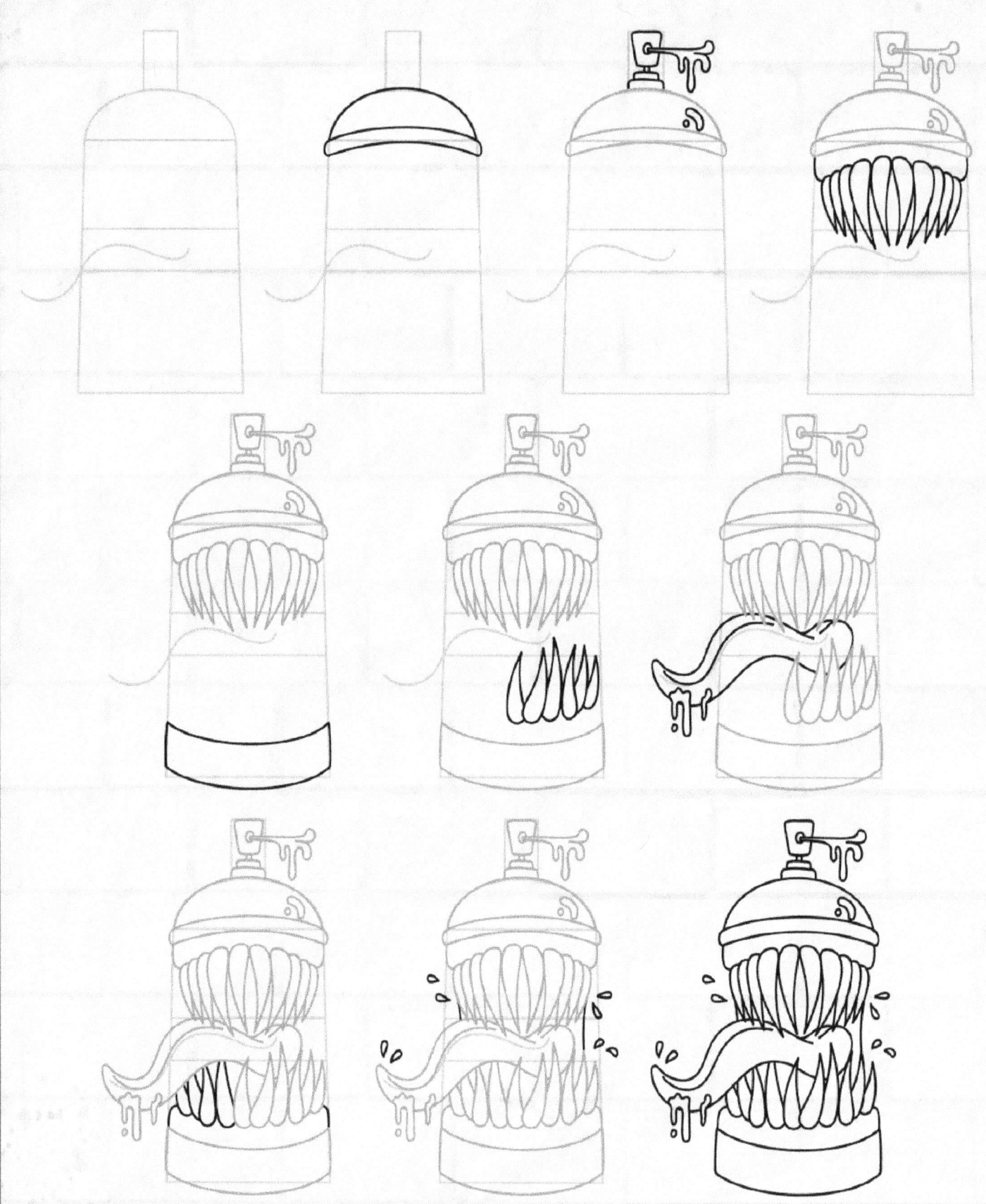

C'EST À VOTRE TOUR!

APPRENDRE PAR ETAPE

C'EST À VOTRE TOUR!

APPRENDRE PAR ETAPE

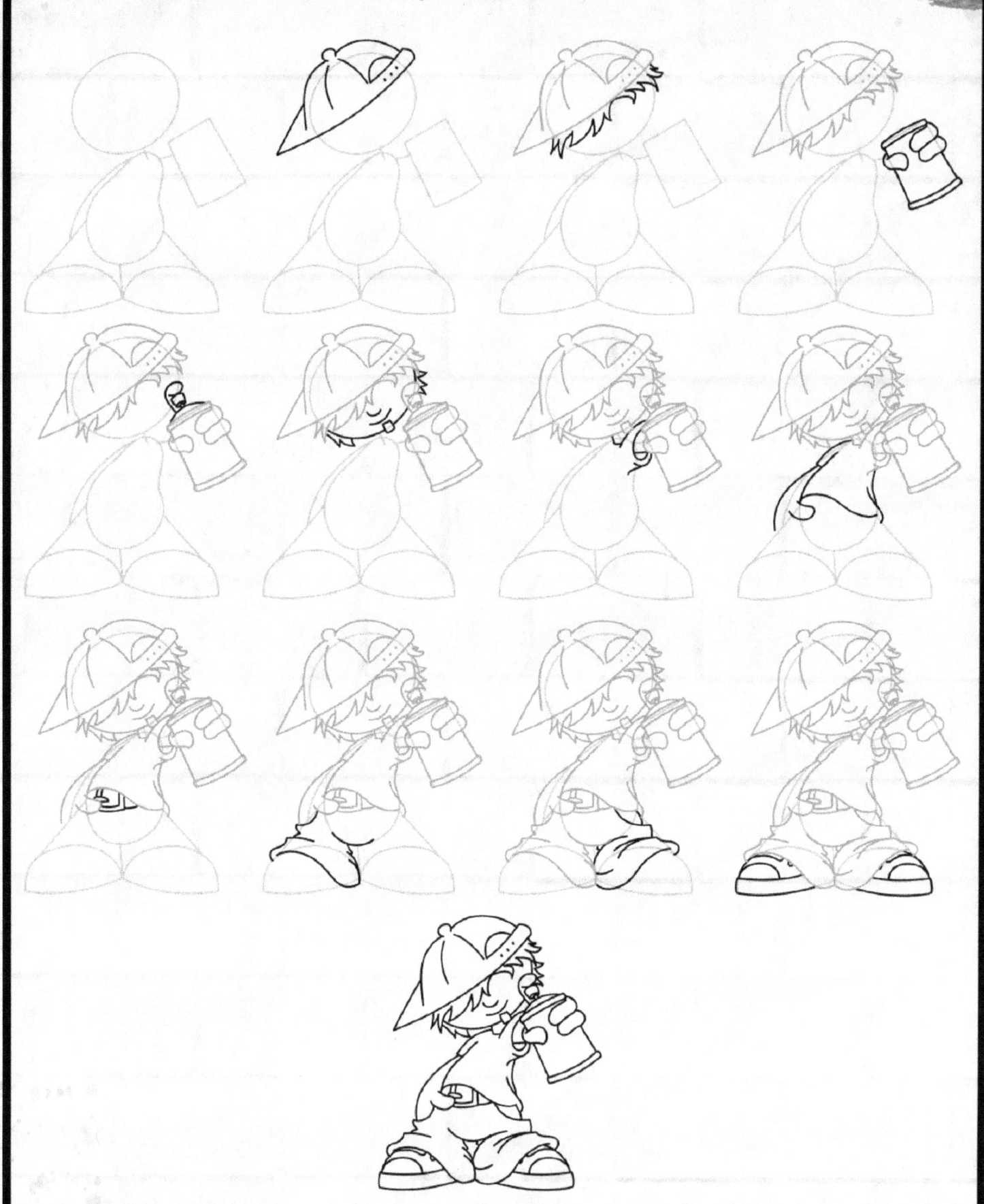

C'EST À VOTRE TOUR!

APPRENDRE PAR ETAPE

C'EST À VOTRE TOUR!

APPRENDRE PAR ETAPE

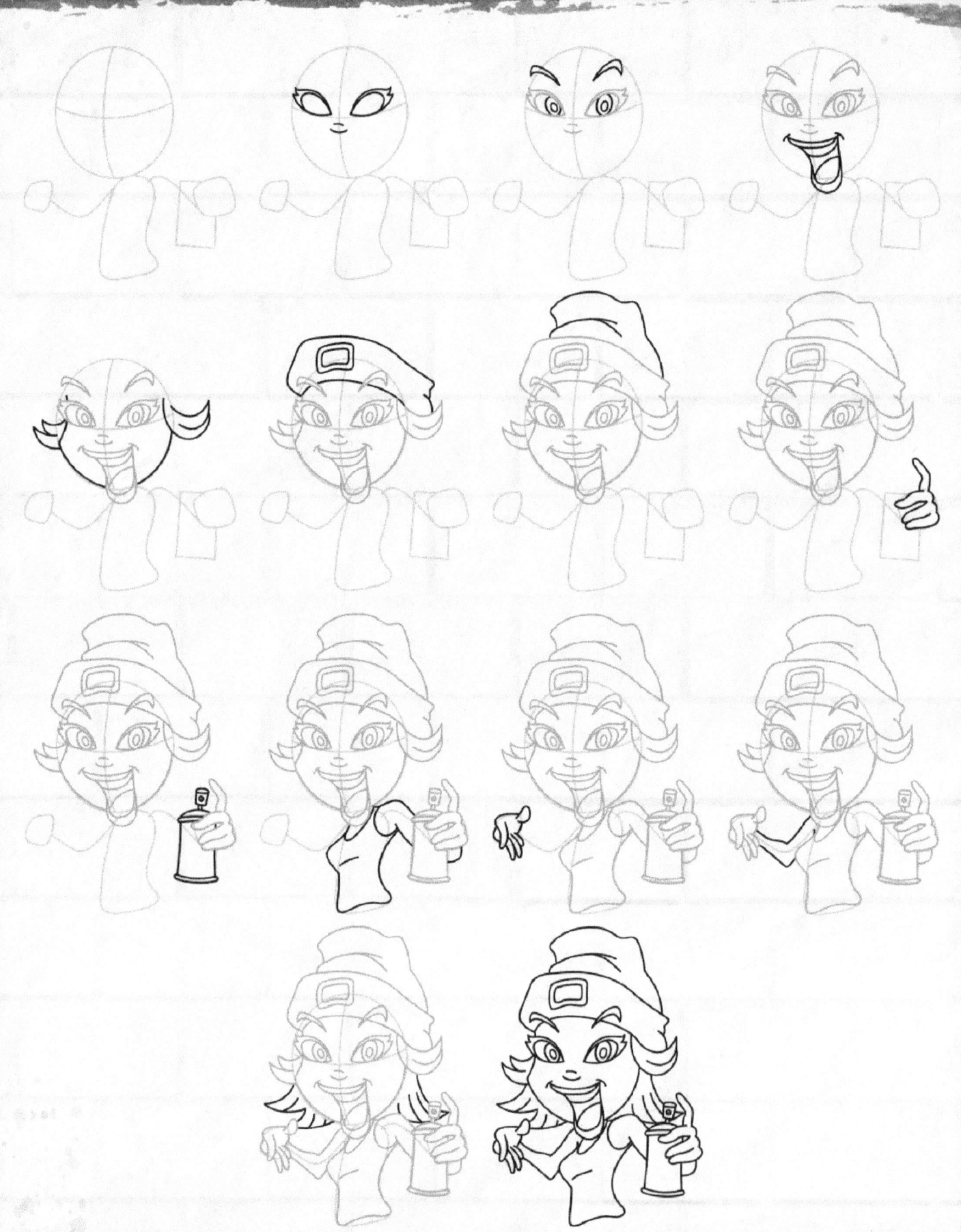

C'EST À VOTRE TOUR!

C'EST À VOTRE TOUR!

APPRENDRE PAR ETAPE

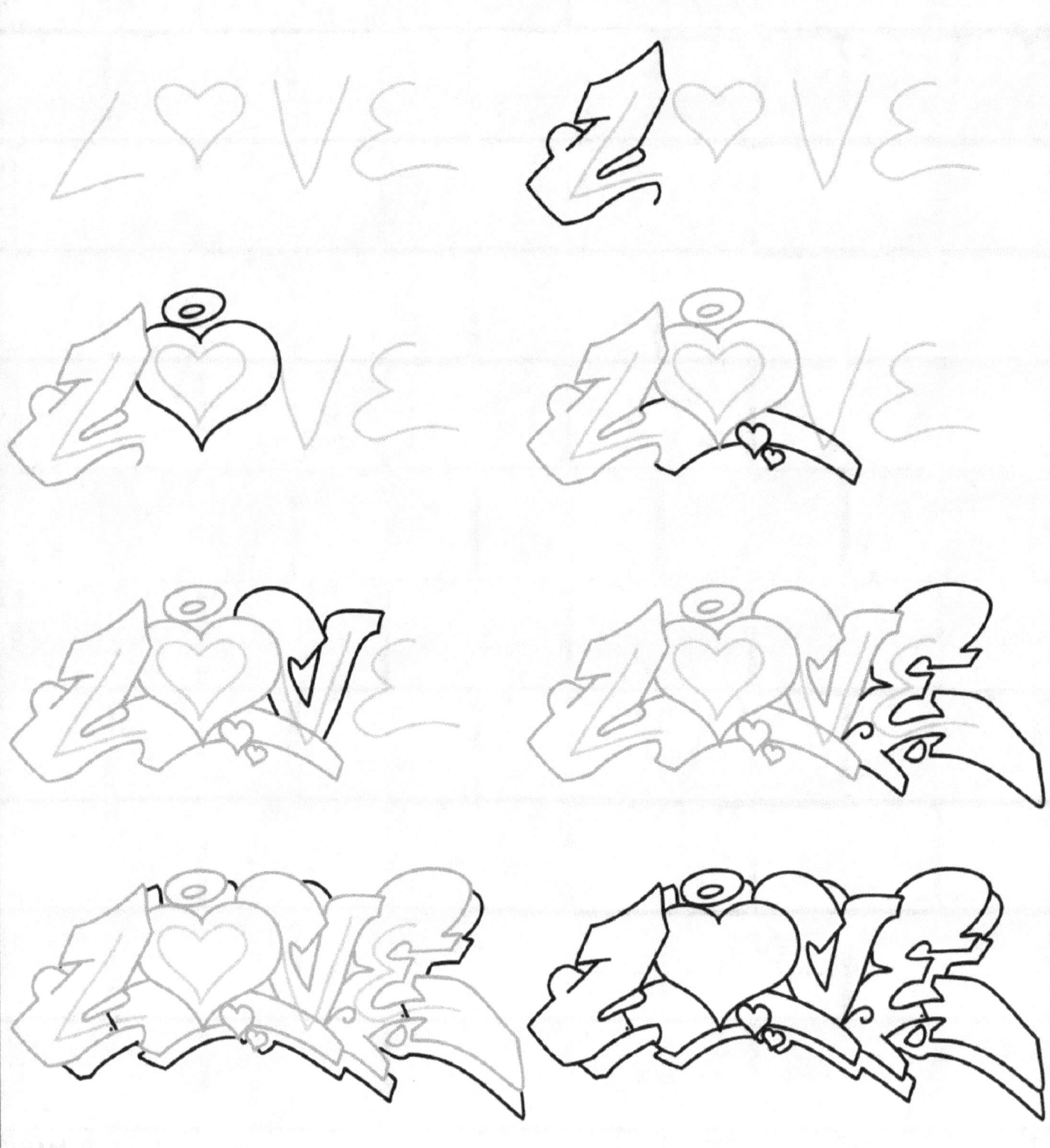

C'EST À VOTRE TOUR!

APPRENDRE PAR ETAPE

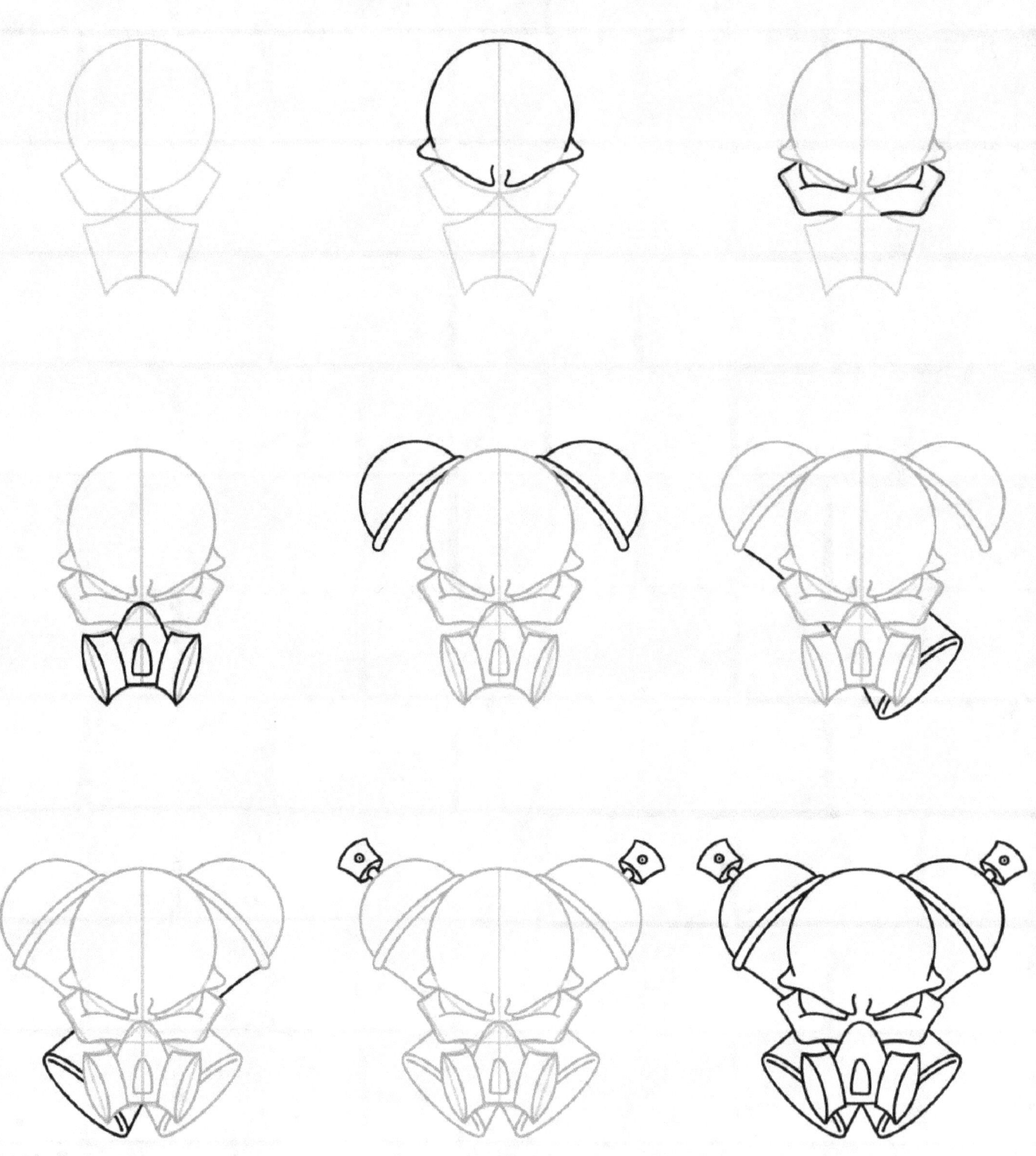

C'EST À VOTRE TOUR !

APPRENDRE PAR ETAPE

C'EST À VOTRE TOUR!

APPRENDRE PAR ETAPE

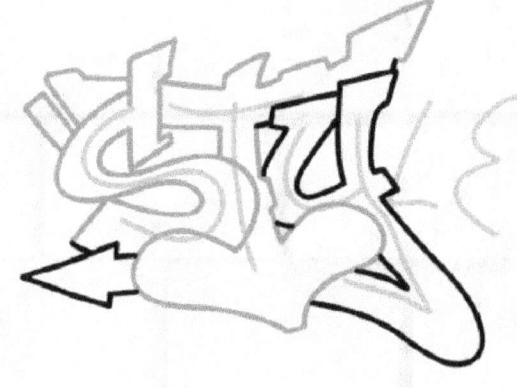

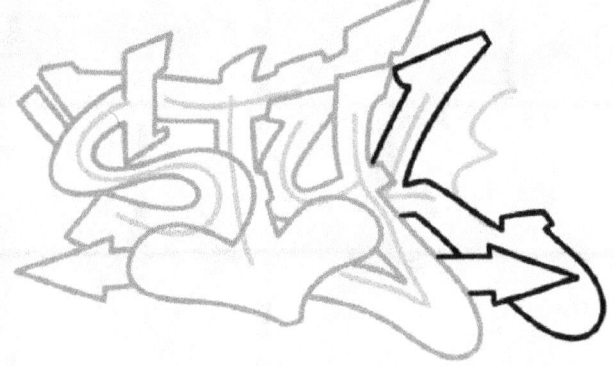

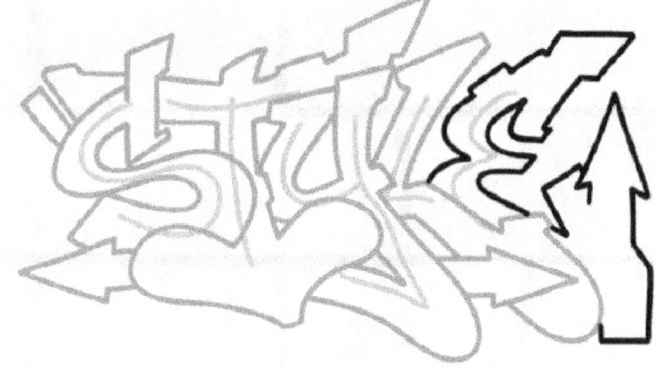

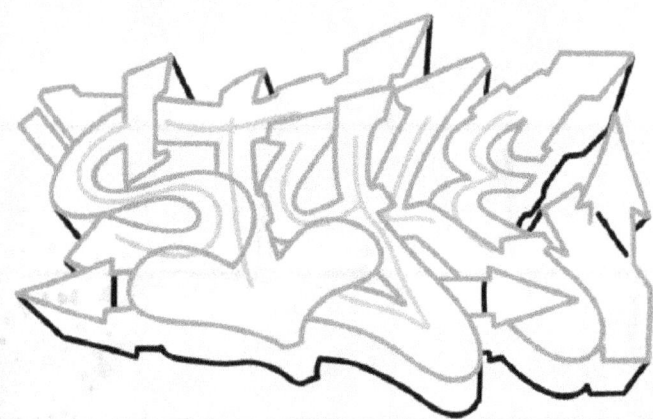

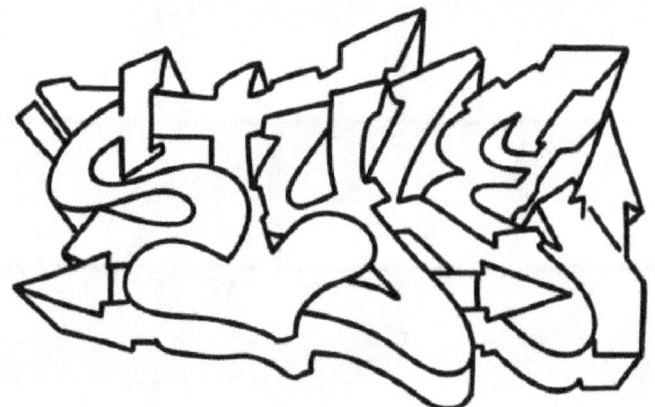

C'EST À VOTRE TOUR!

APPRENDRE PAR ETAPE

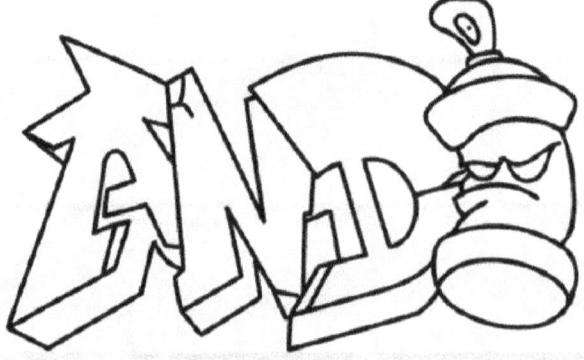

C'EST À VOTRE TOUR!

APPRENDRE PAR ETAPE

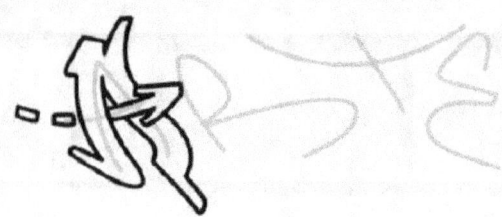
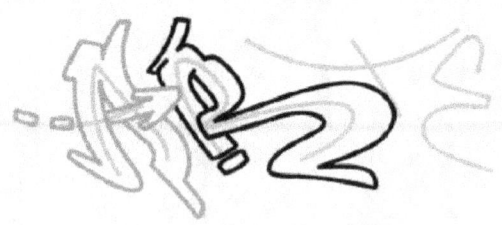
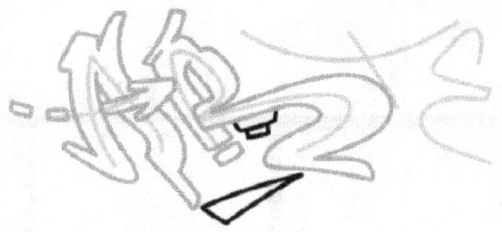
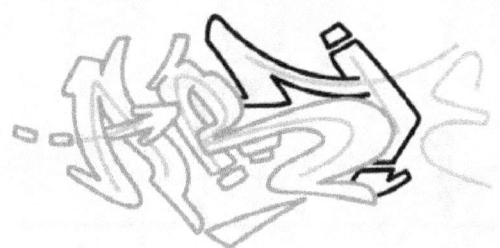
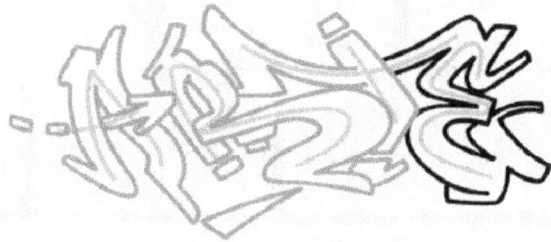
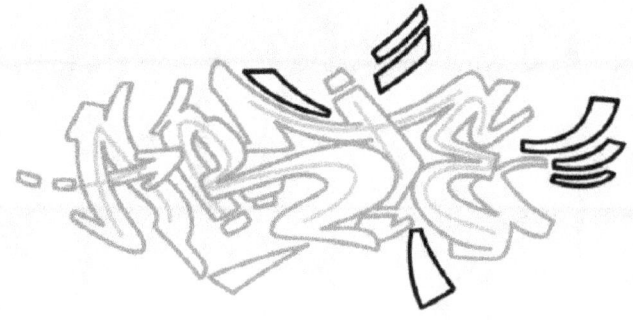
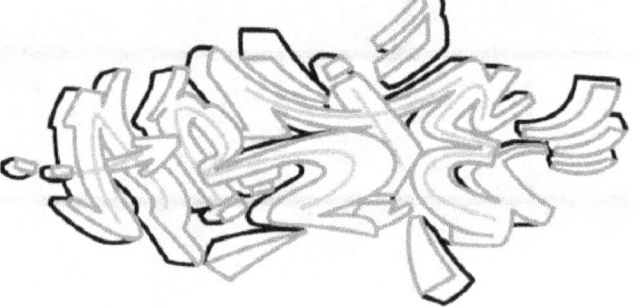
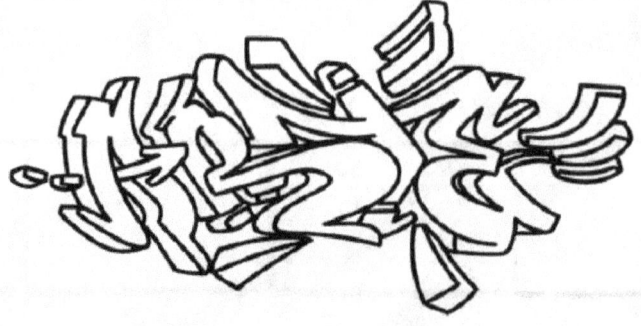

C'EST À VOTRE TOUR!

APPRENDRE PAR ETAPE

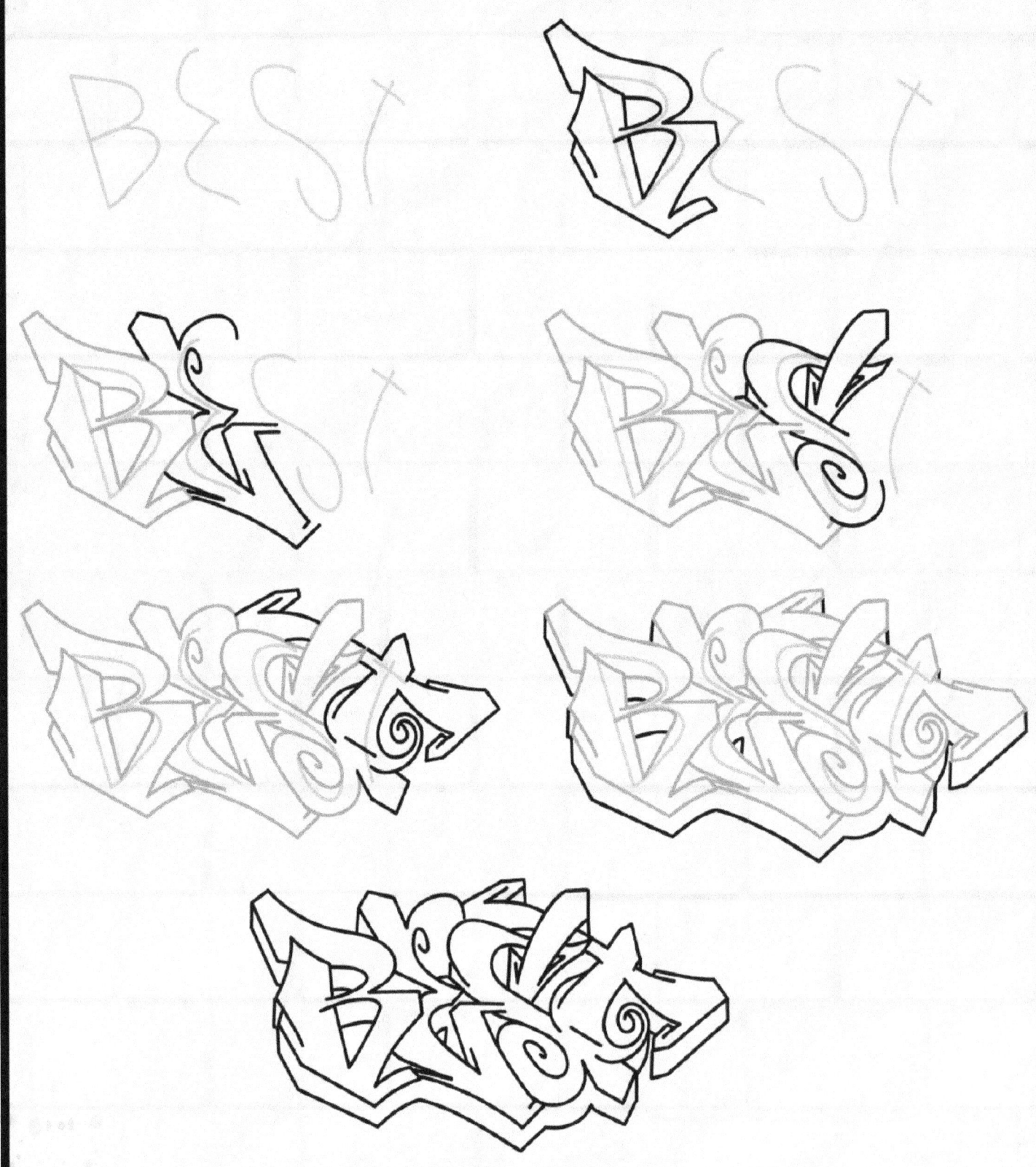

C'EST À VOTRE TOUR!

APPRENDRE PAR ETAPE

C'EST À VOTRE TOUR!

APPRENDRE PAR ETAPE

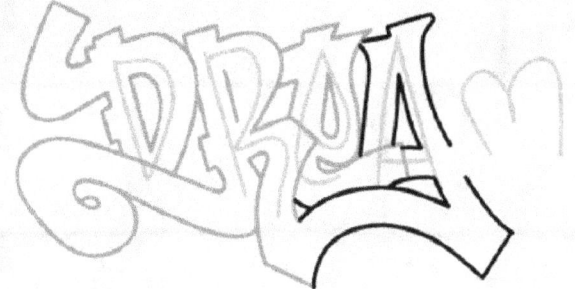
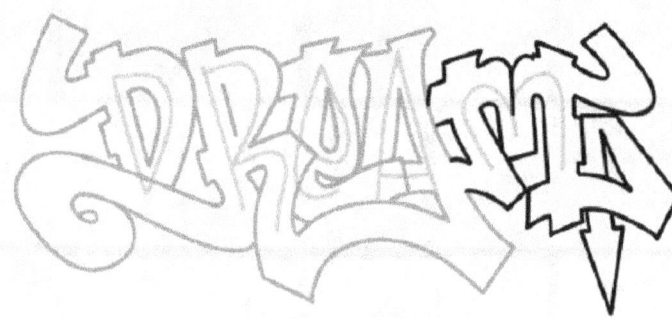
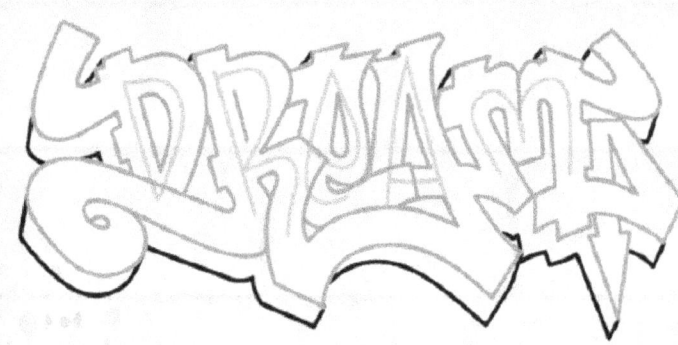
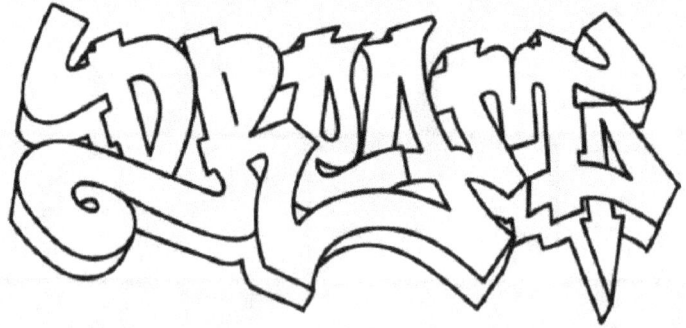

C'EST À VOTRE TOUR!

APPRENDRE PAR ETAPE

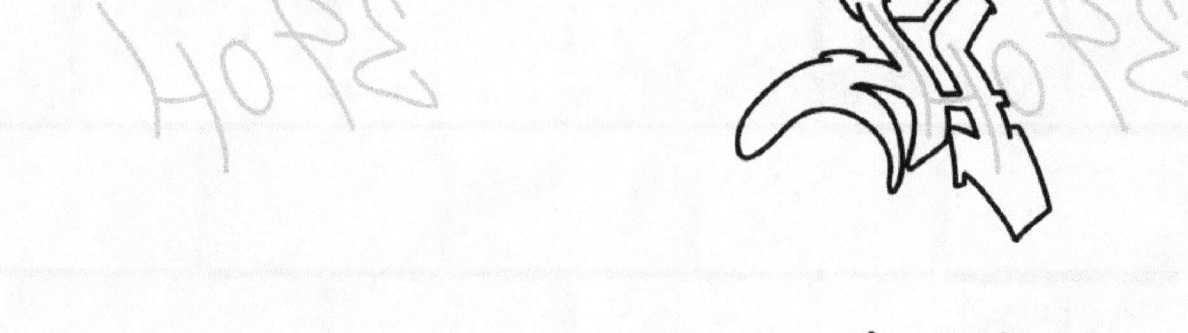
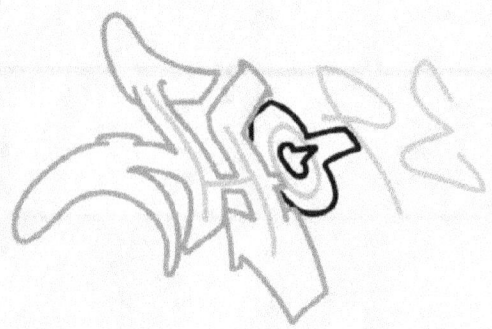
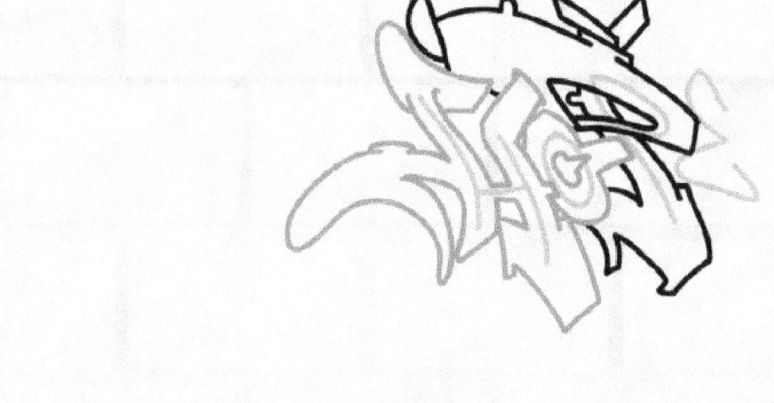
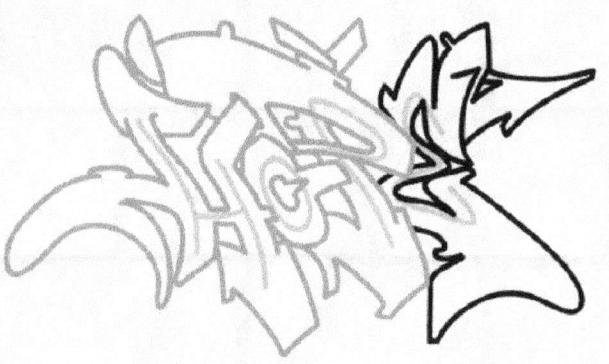
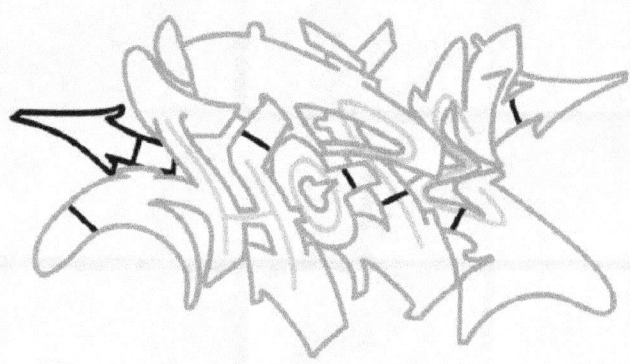
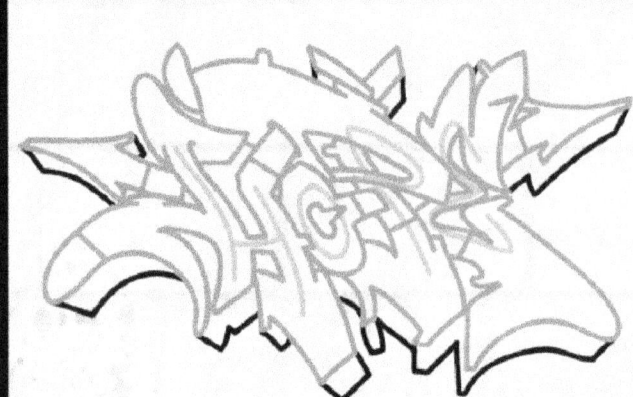
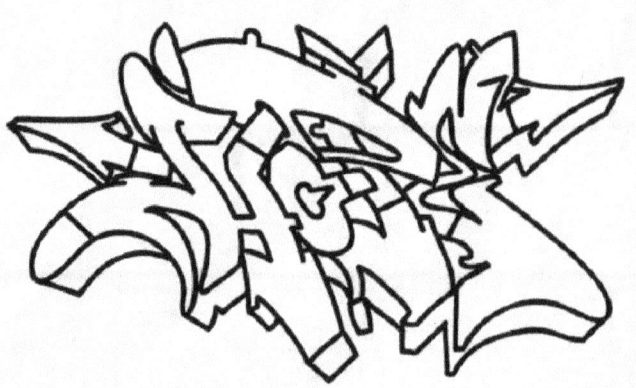

C'EST À VOTRE TOUR!

APPRENDRE PAR ETAPE

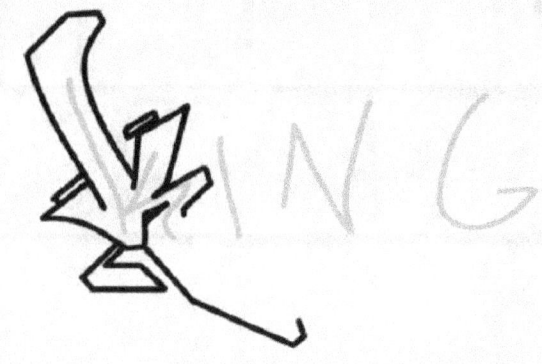

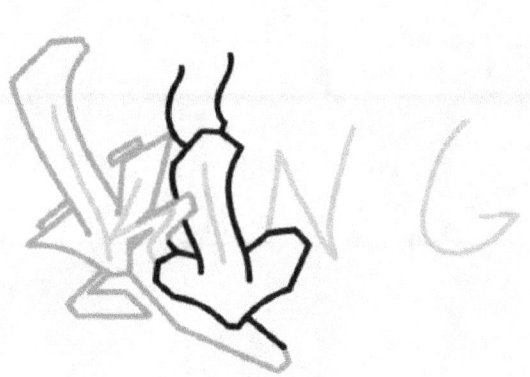
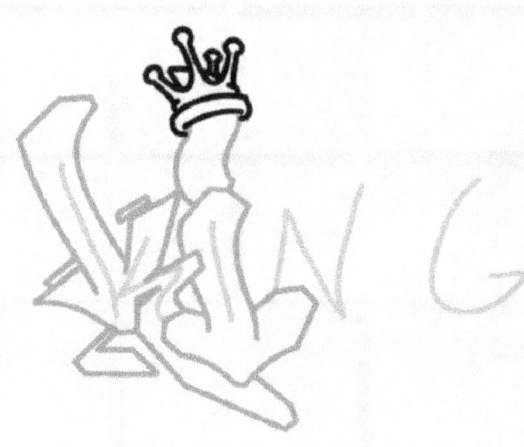

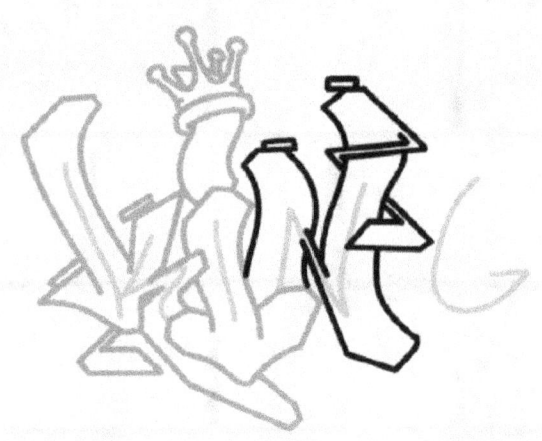
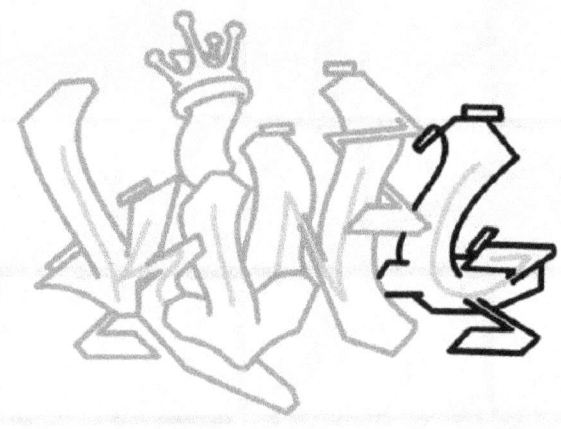

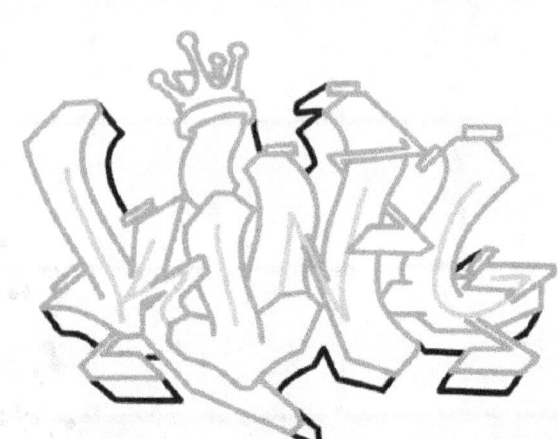
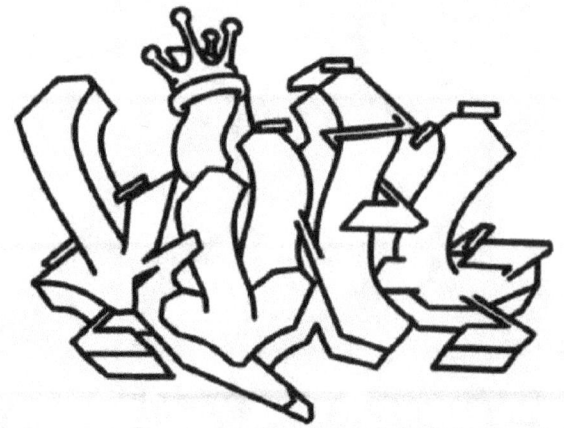

C'EST À VOTRE TOUR!

APPRENDRE PAR ETAPE

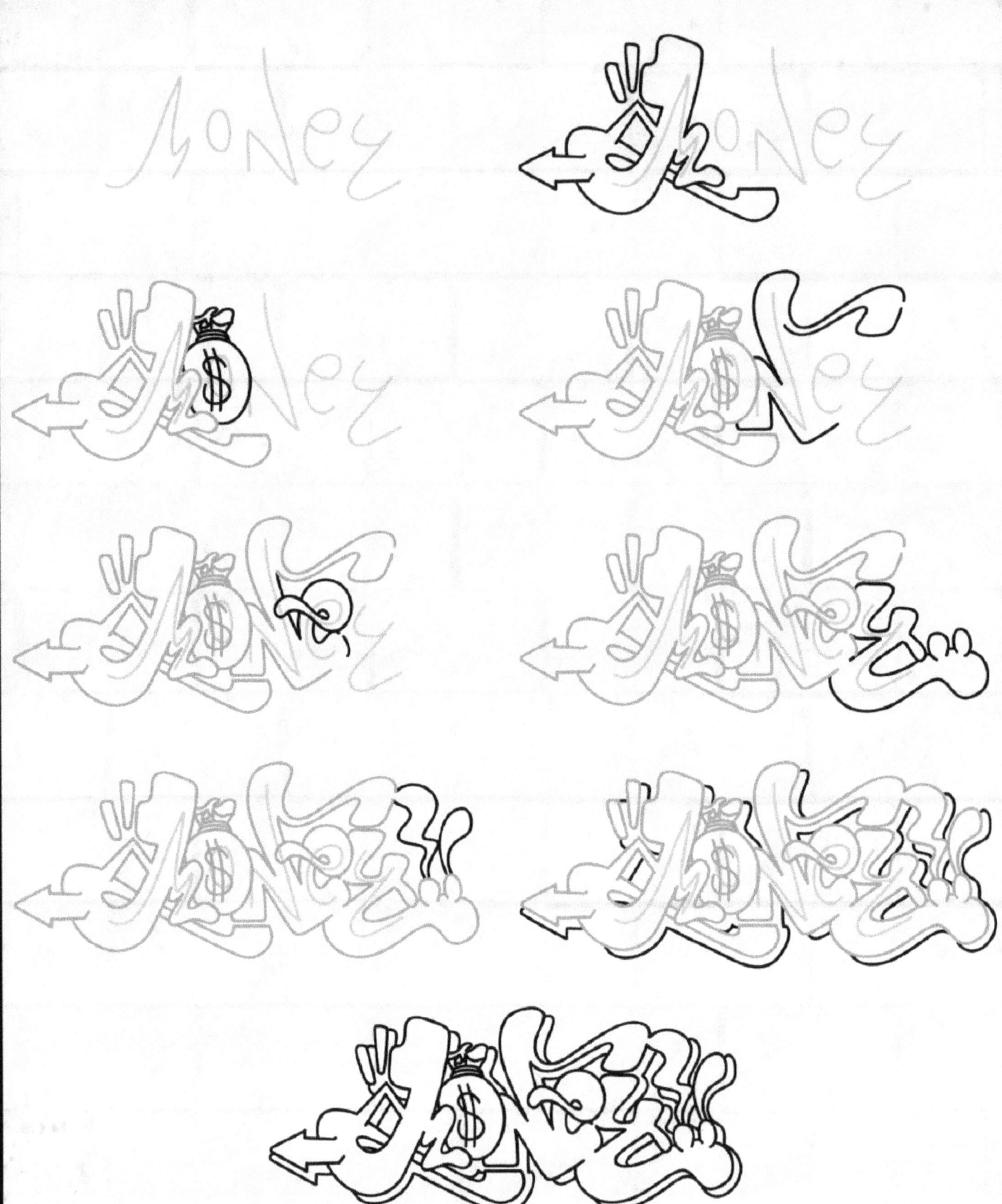

C'EST À VOTRE TOUR!

APPRENDRE PAR ETAPE

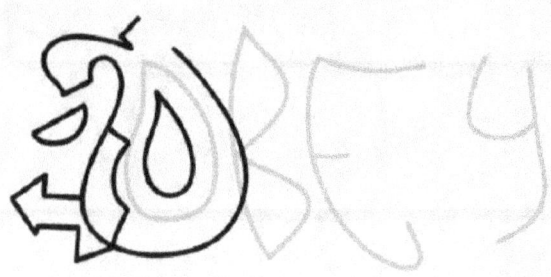
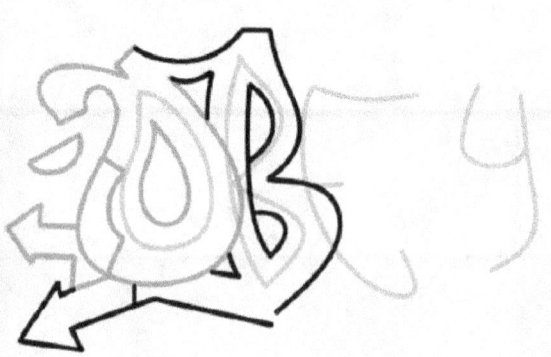
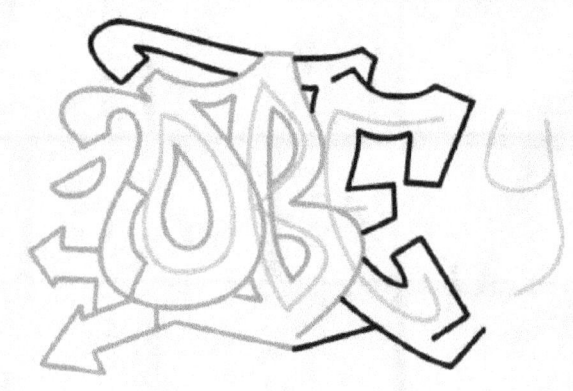
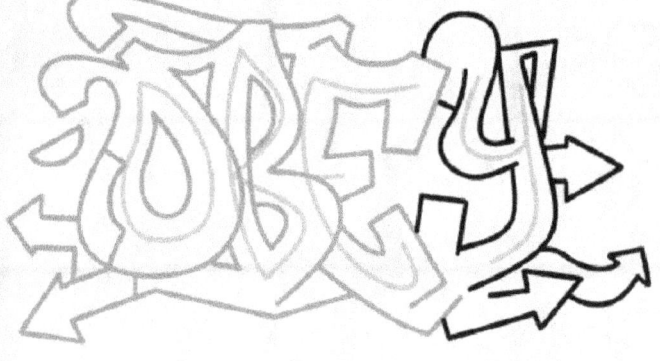
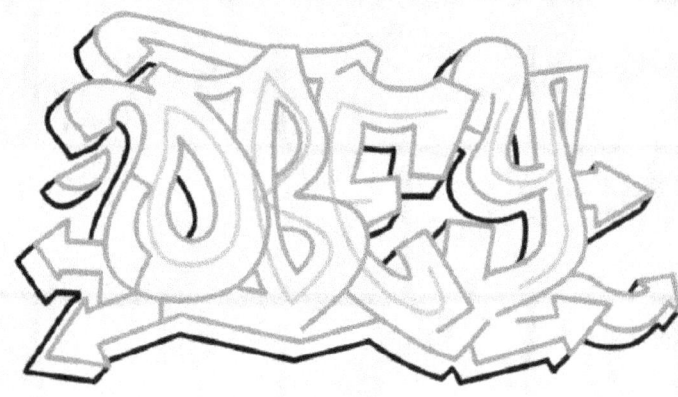
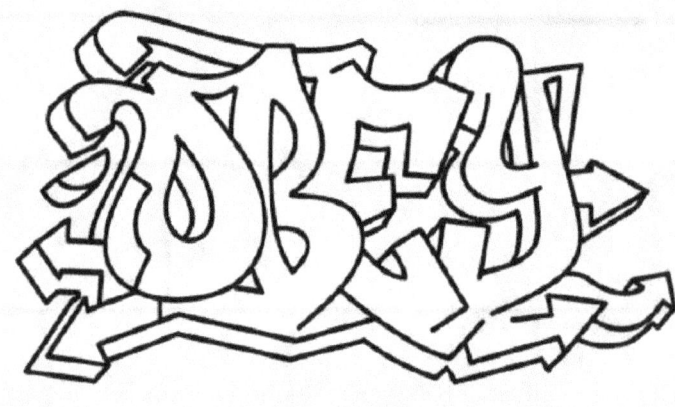

C'EST À VOTRE TOUR!

APPRENDRE PAR ETAPE

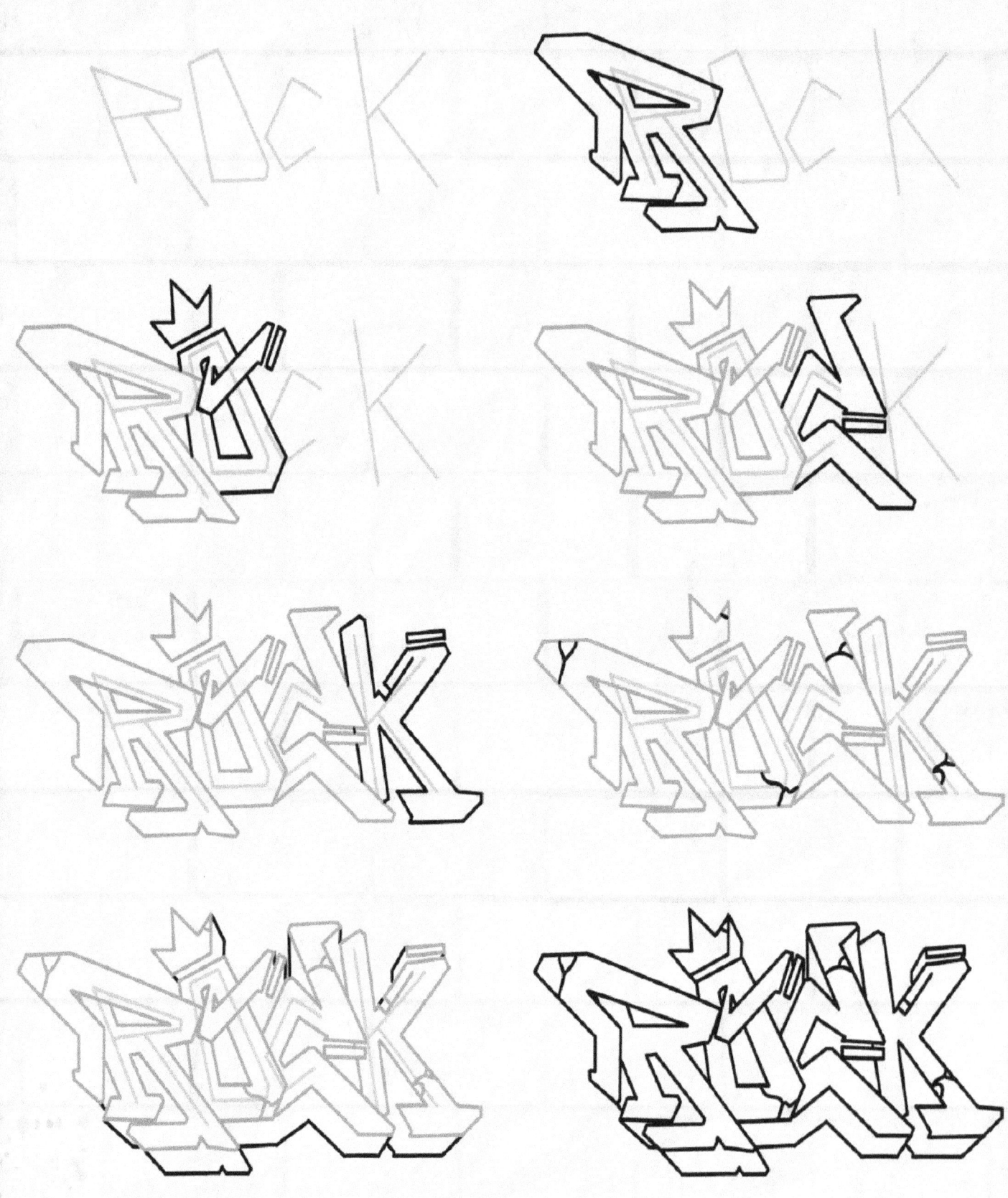

C'EST À VOTRE TOUR!

C'EST À VOTRE TOUR!

APPRENDRE PAR ETAPE

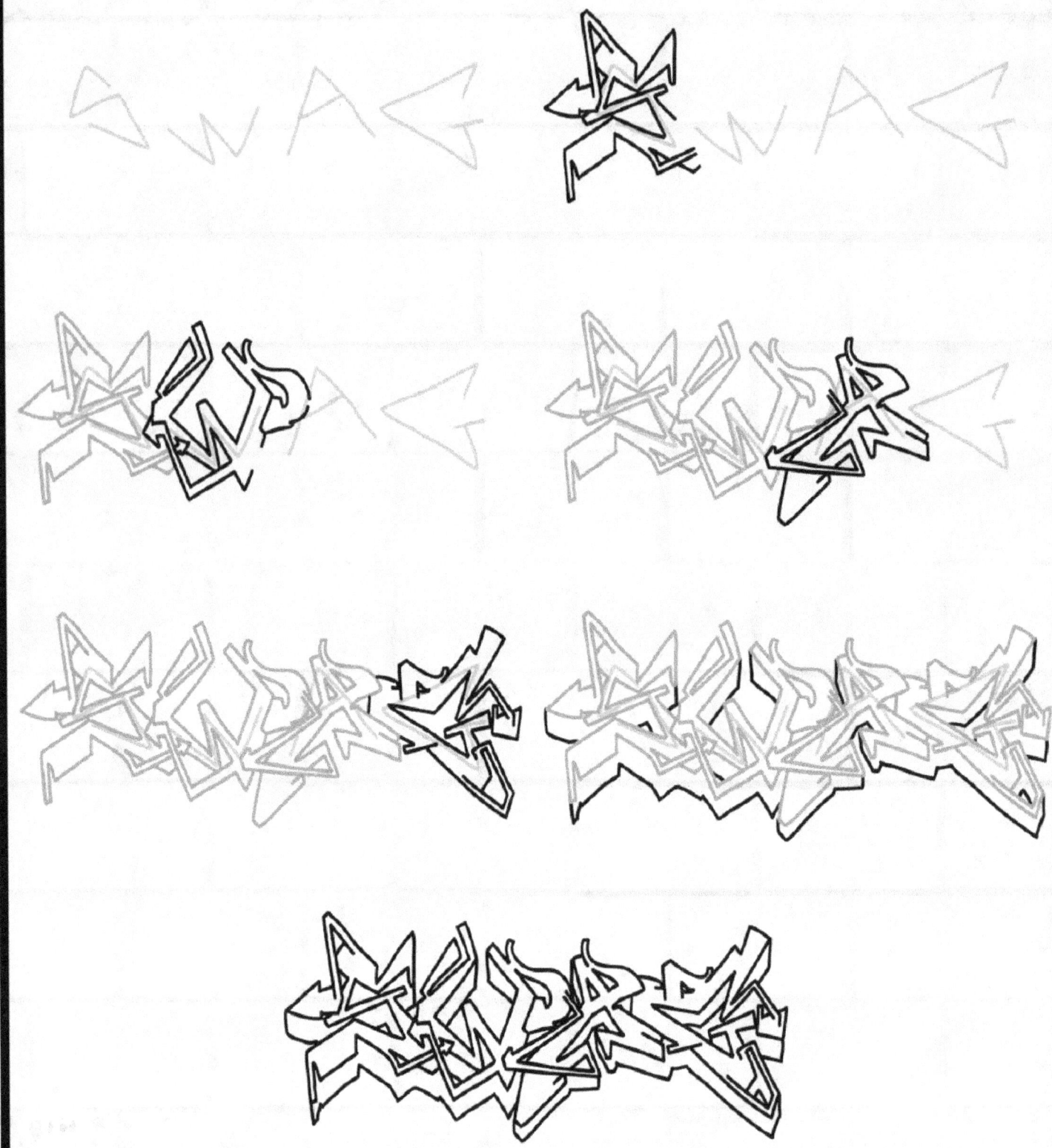

C'EST À VOTRE TOUR!

APPRENDRE PAR ETAPE

C'EST À VOTRE TOUR!

APPRENDRE PAR ETAPE

C'EST À VOTRE TOUR!

ABC STYLE 01

ABCDEF
GHIJKL
MNOPQR
STUVWX
YZ

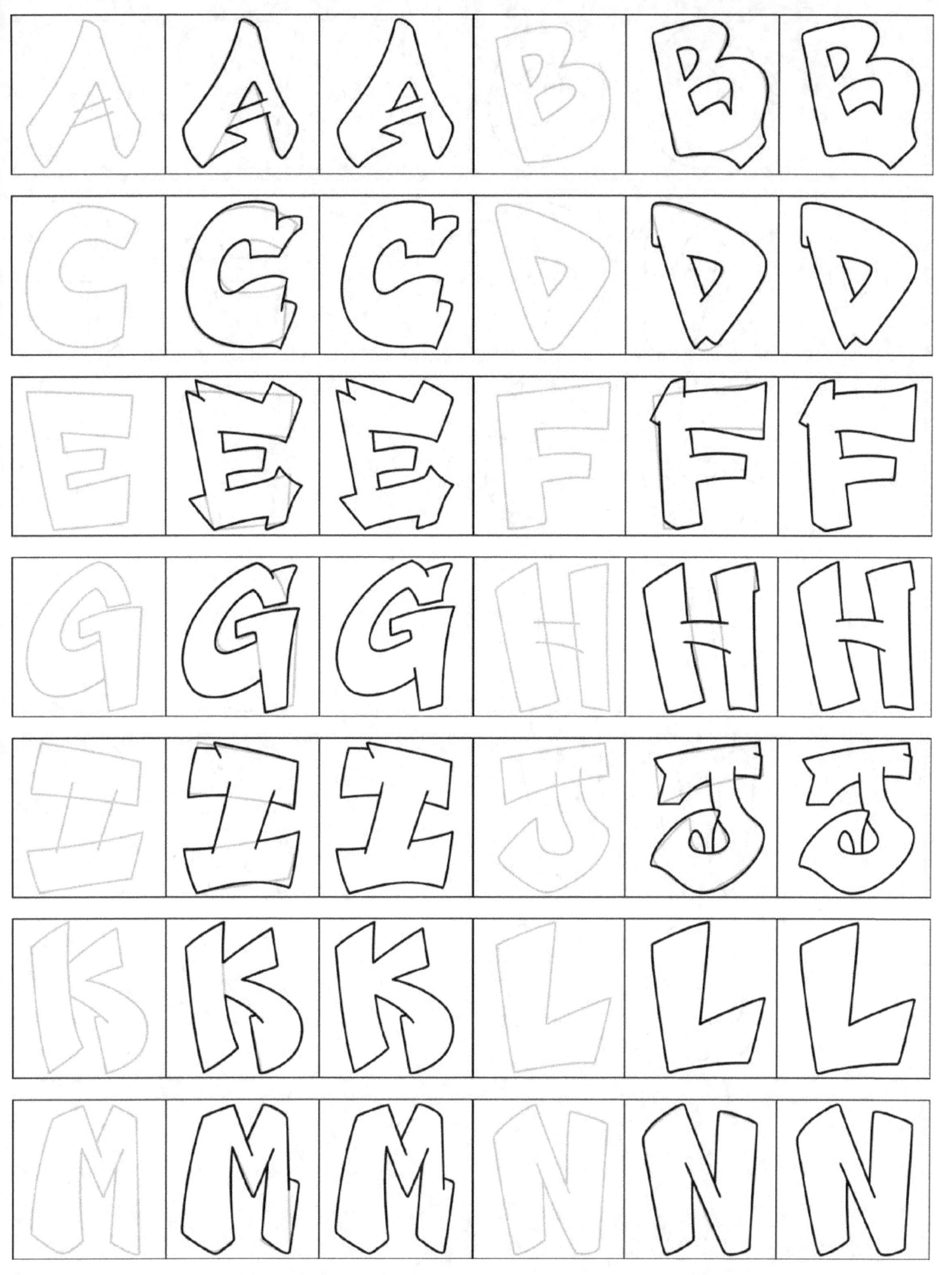

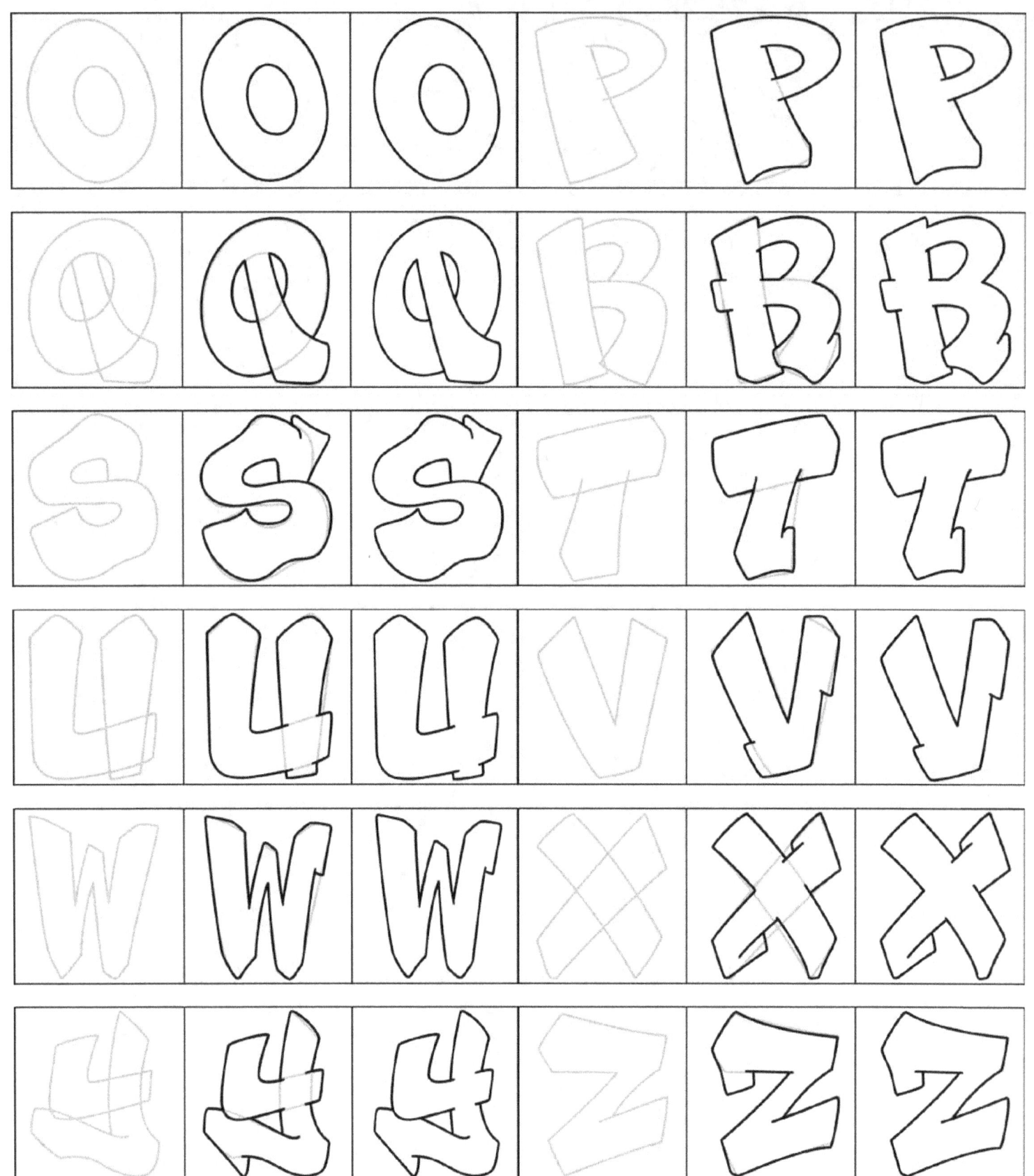

ABC STYLE 02

ABCDEF
GHIJKL
MNOPQR
STUVWX
YZ

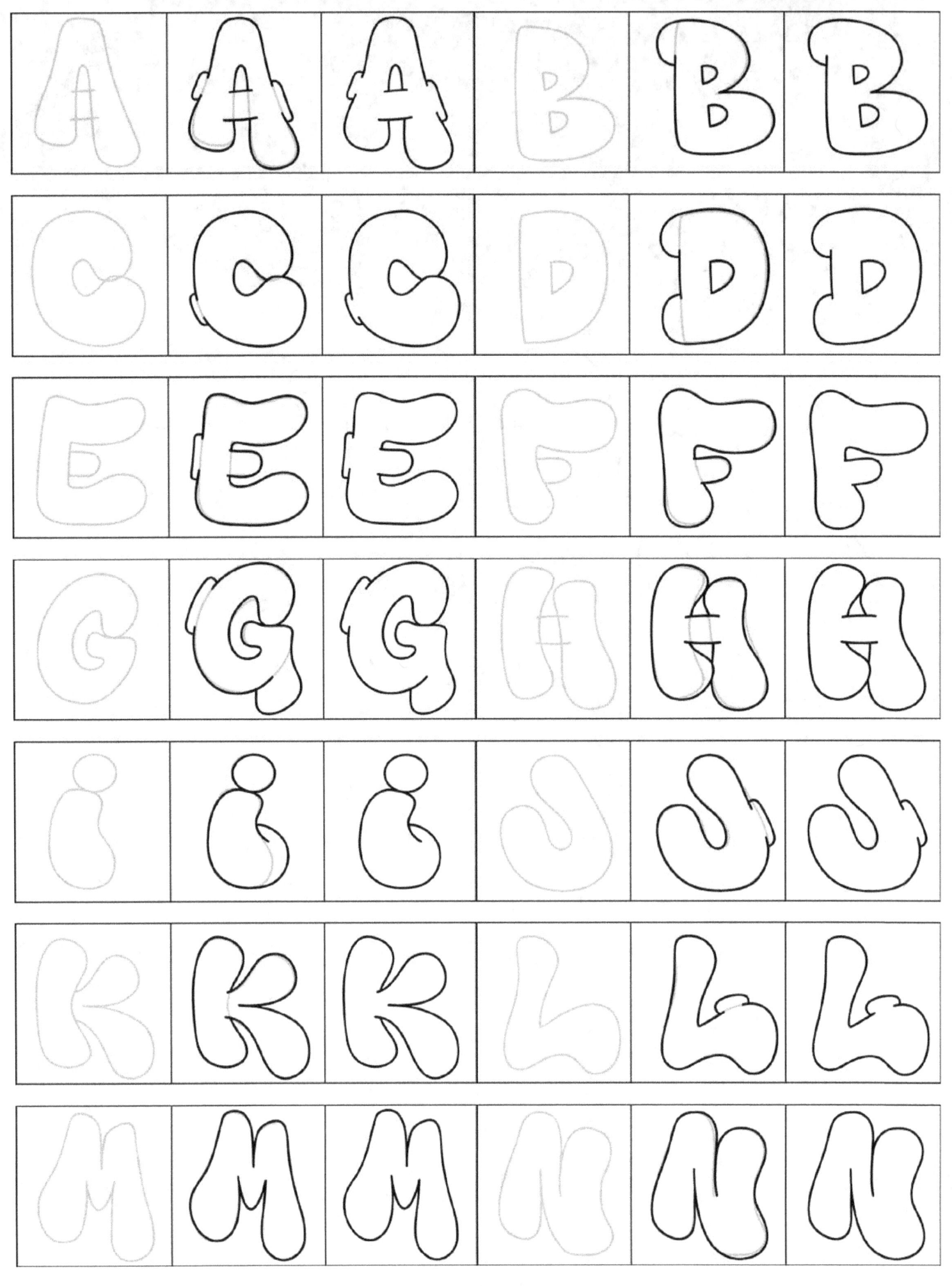

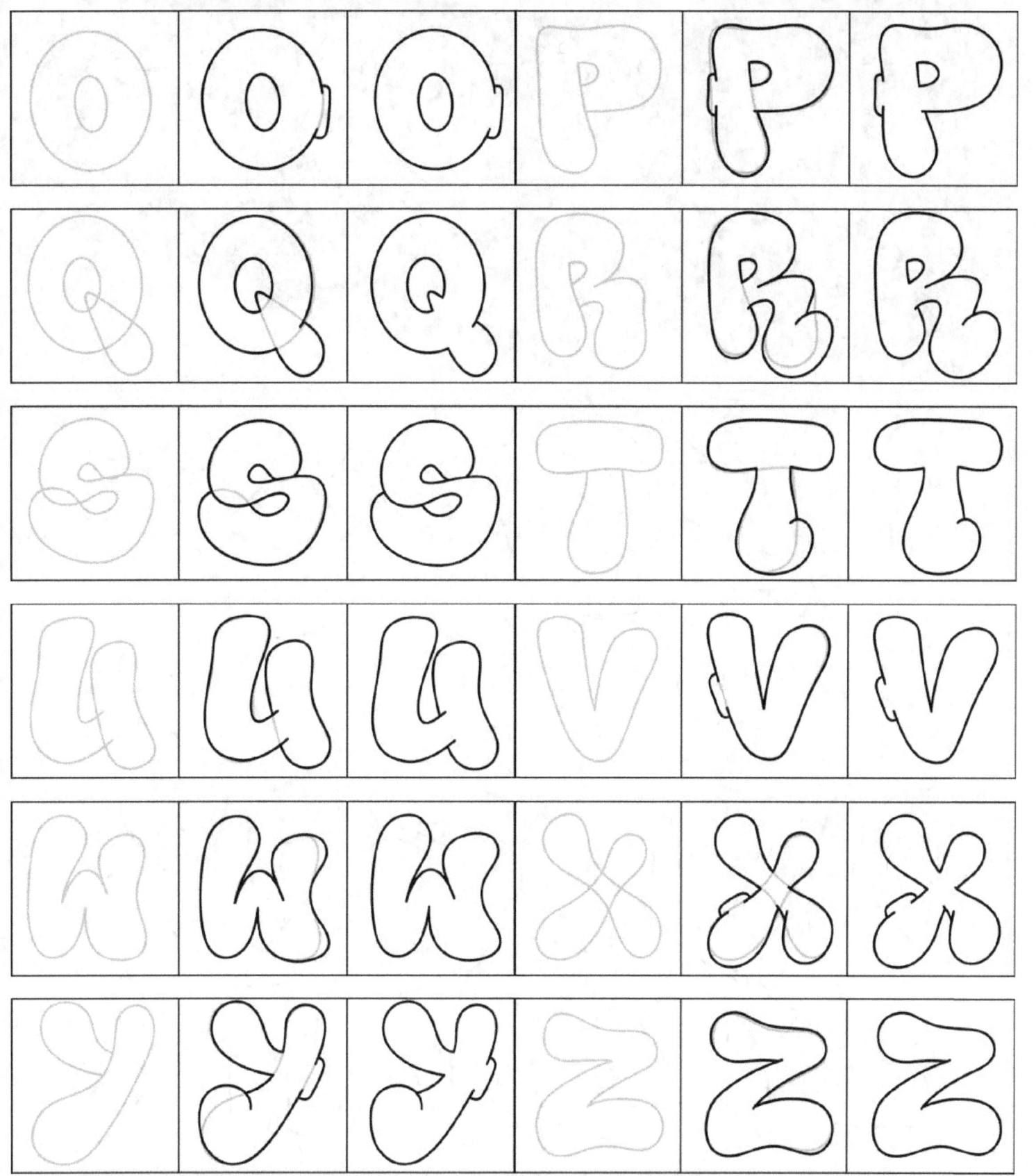

ABC STYLE 03

A B C D E F
G H I J K L
M N O P Q R
S T U V W X
Y Z

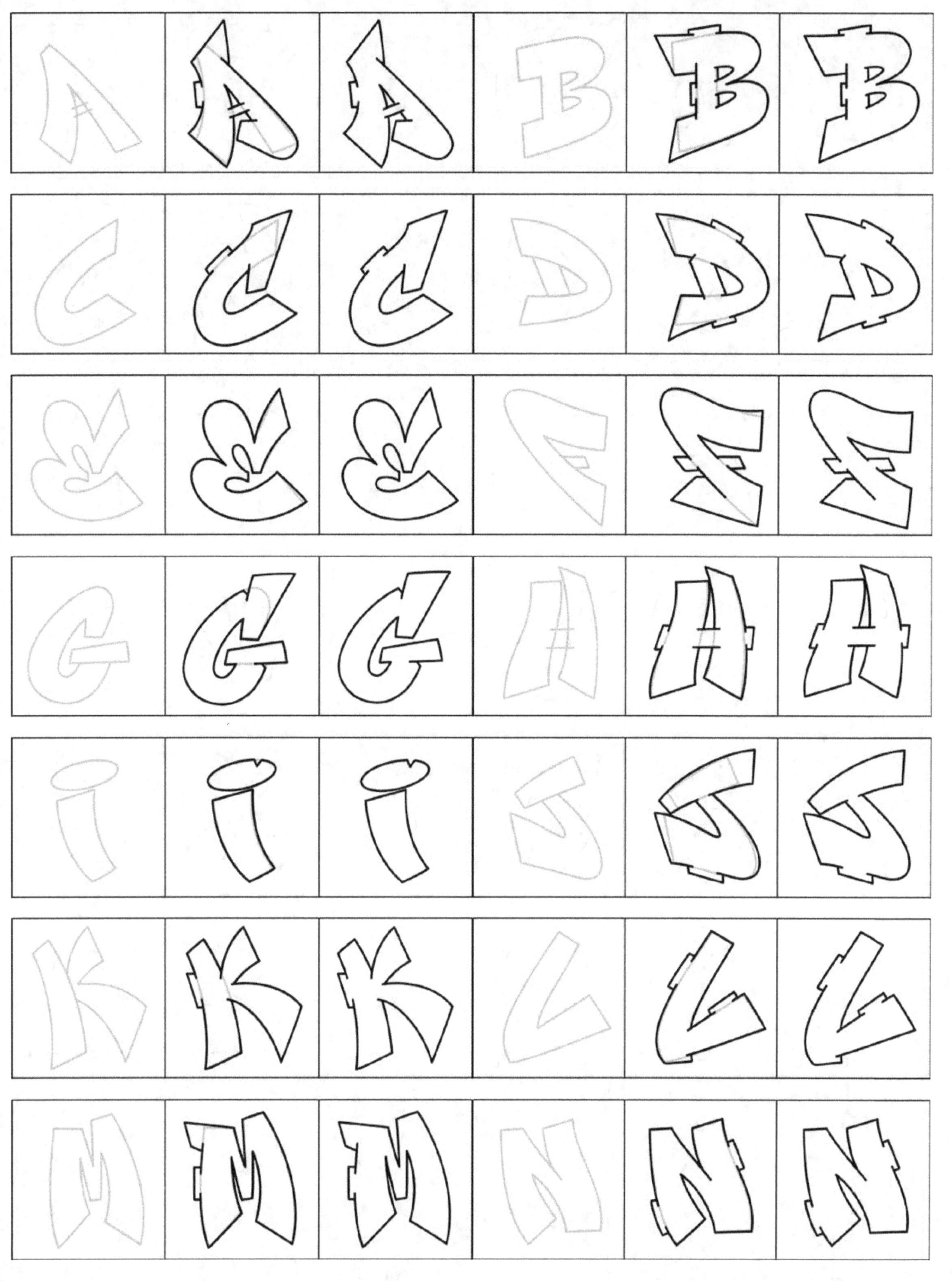

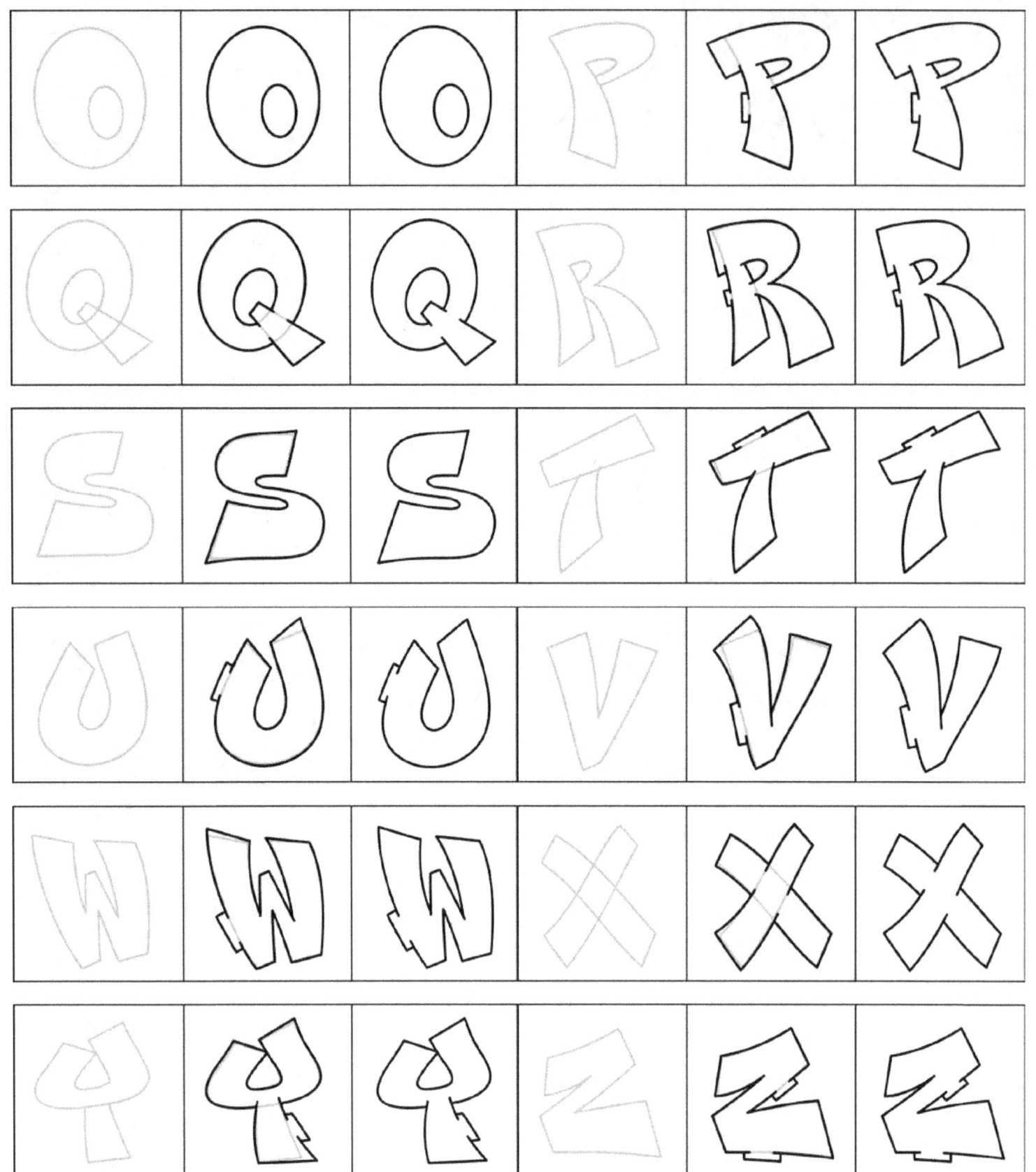

ABC STYLE 04

A B C D E F
G H I J K L
M N O P Q R
S T U V W X
Y Z

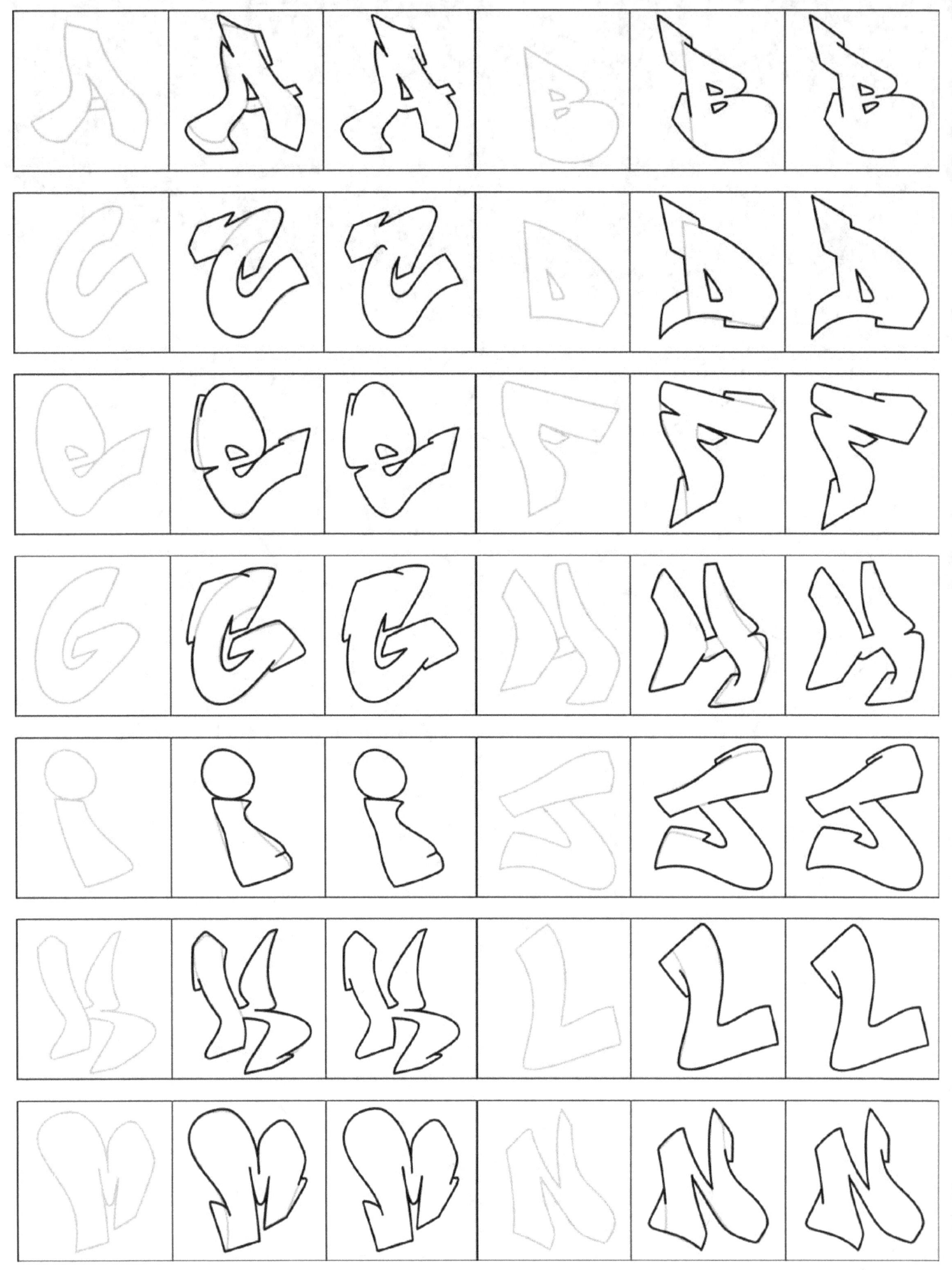

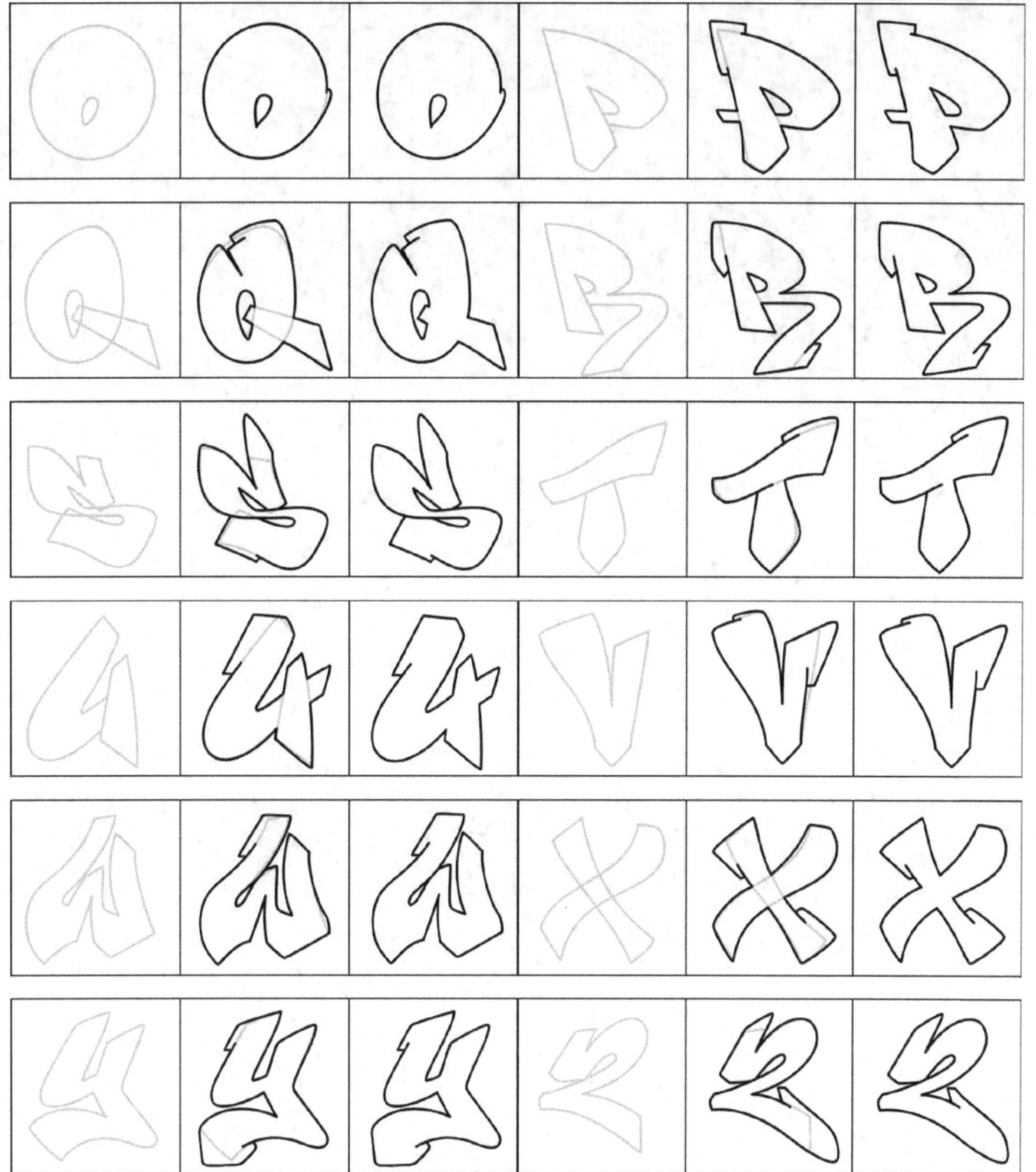

ABC STYLE 05

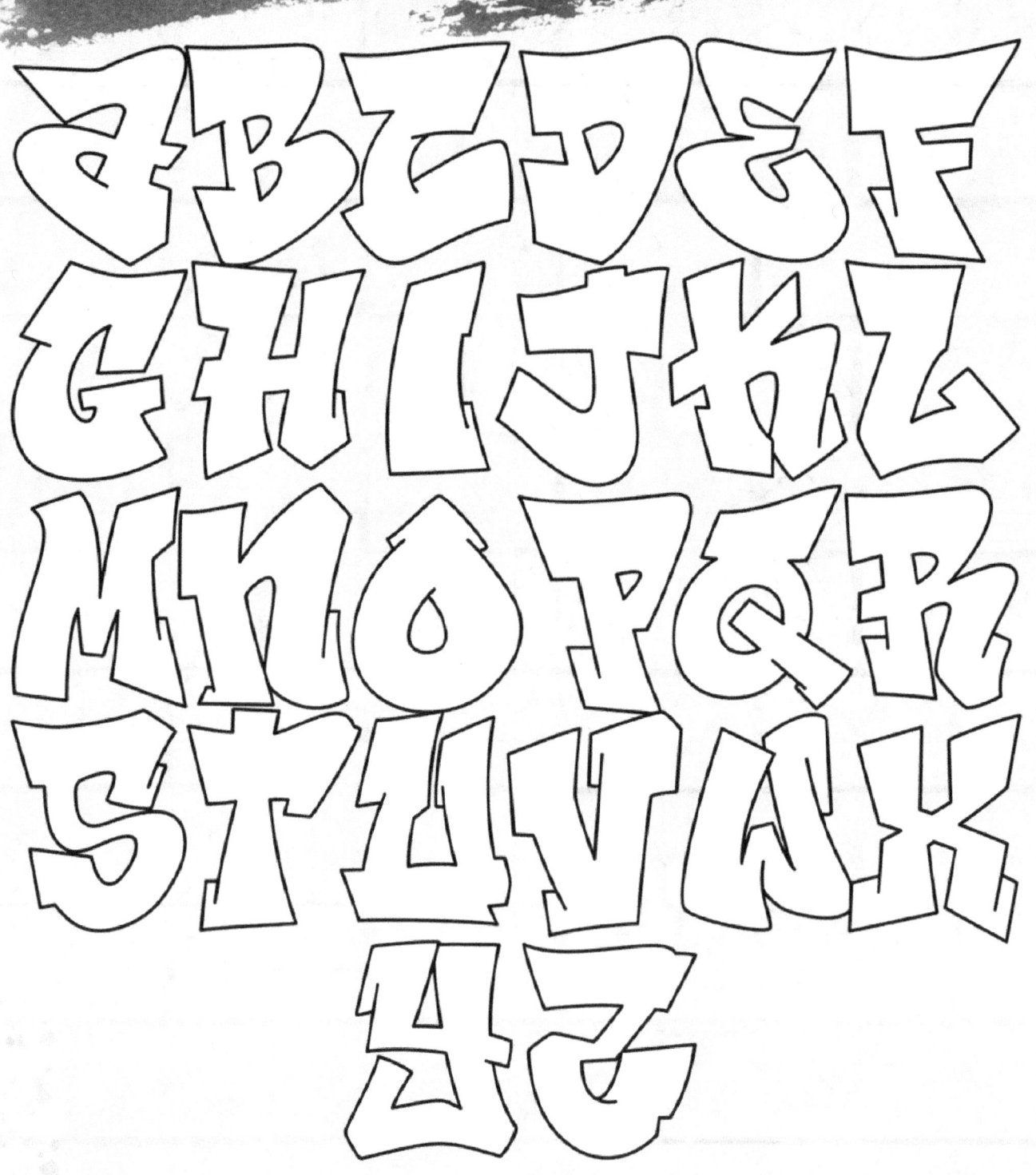

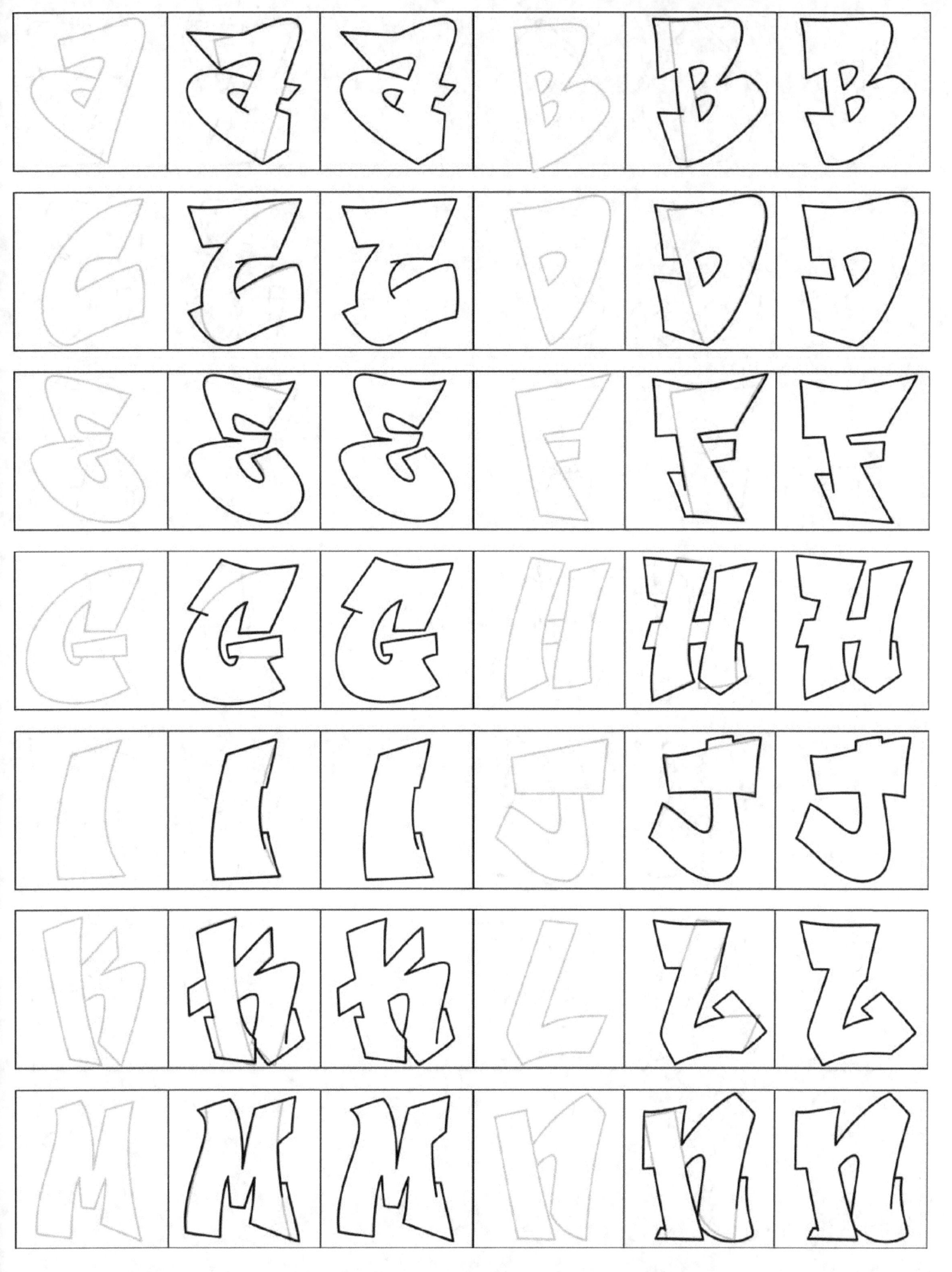

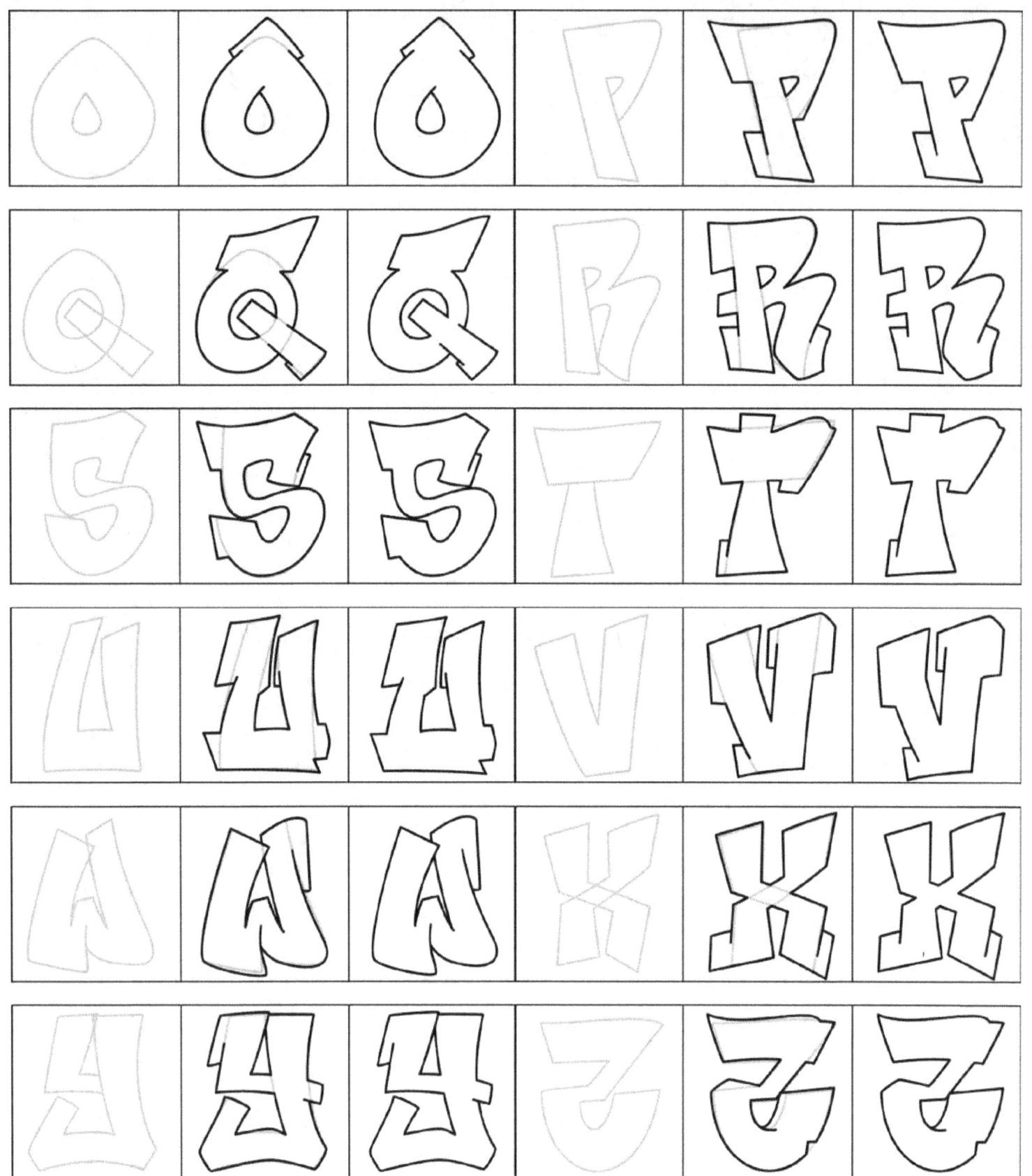

ABC STYLE 06

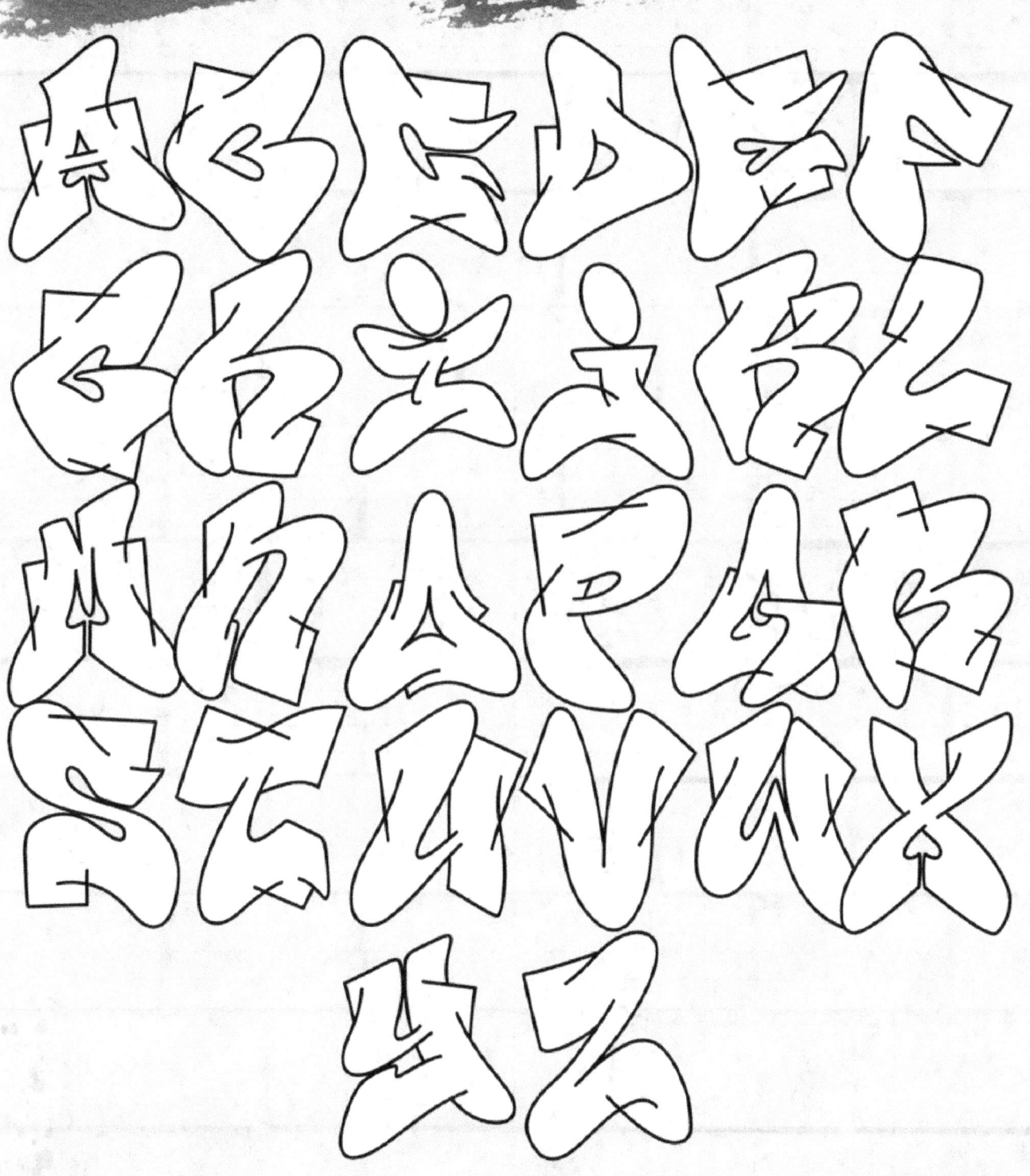

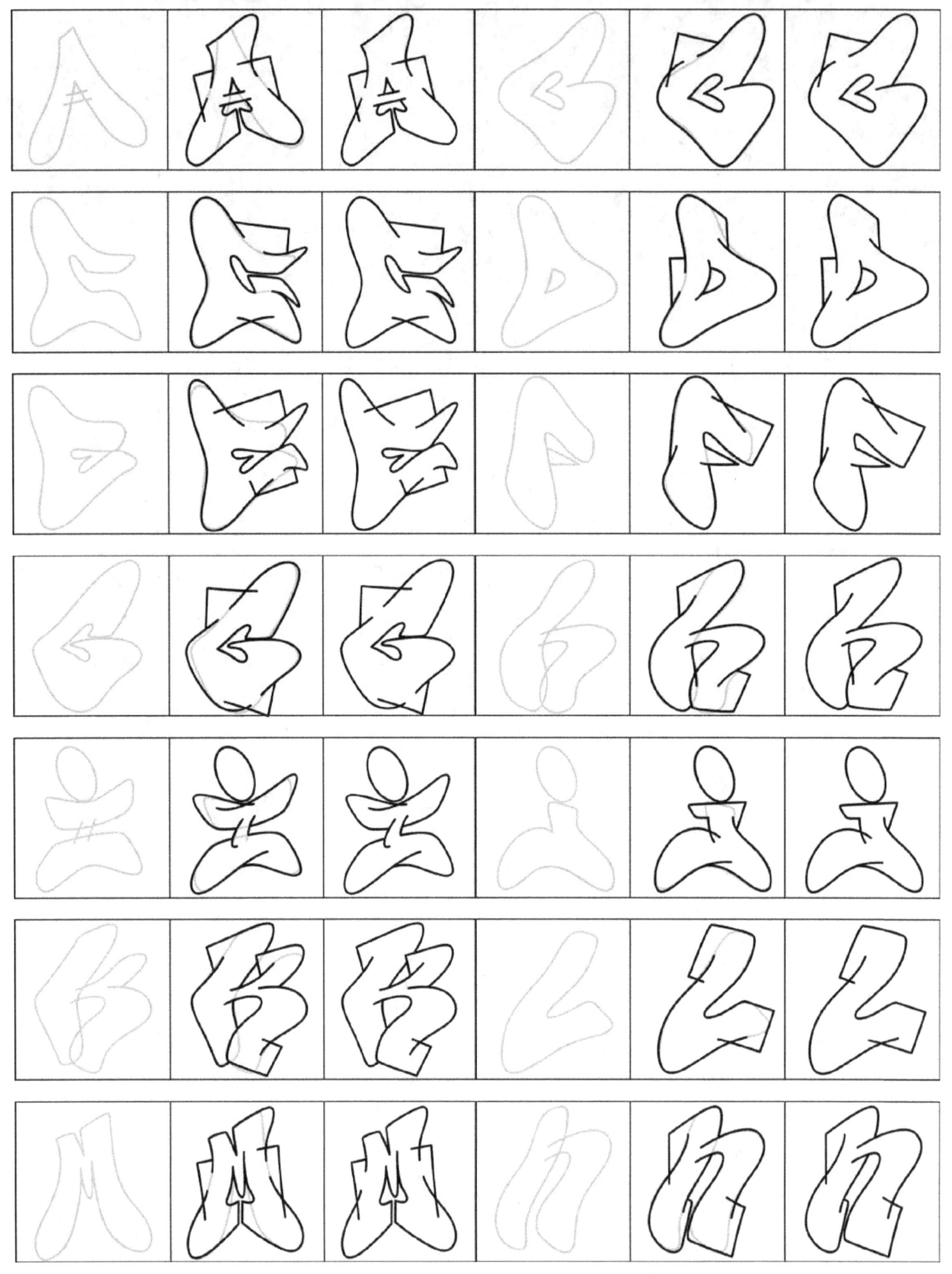

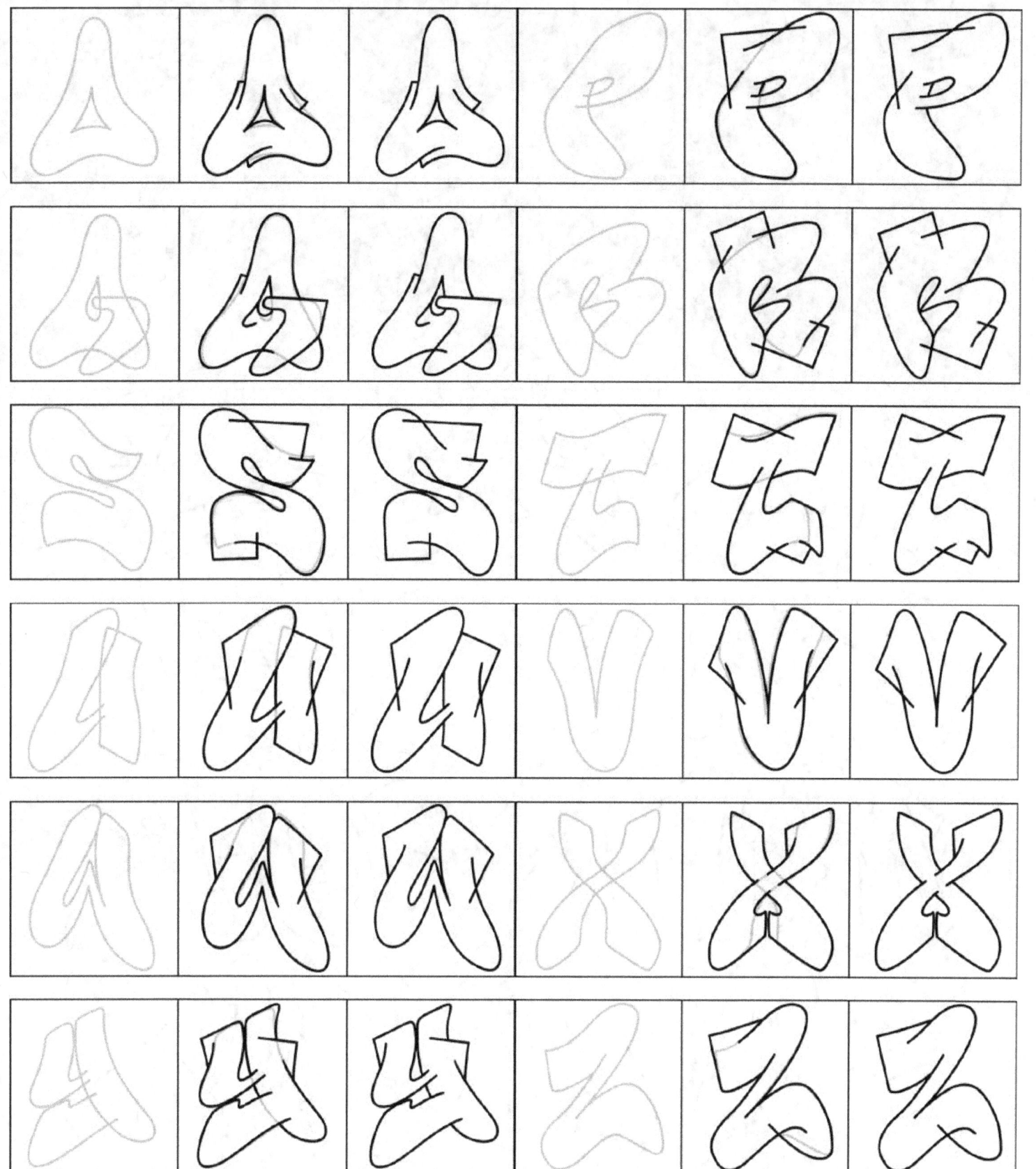

ABC STYLE 07

ABCDEF
GHIJKL
MNOPQR
STUVWX
YZ

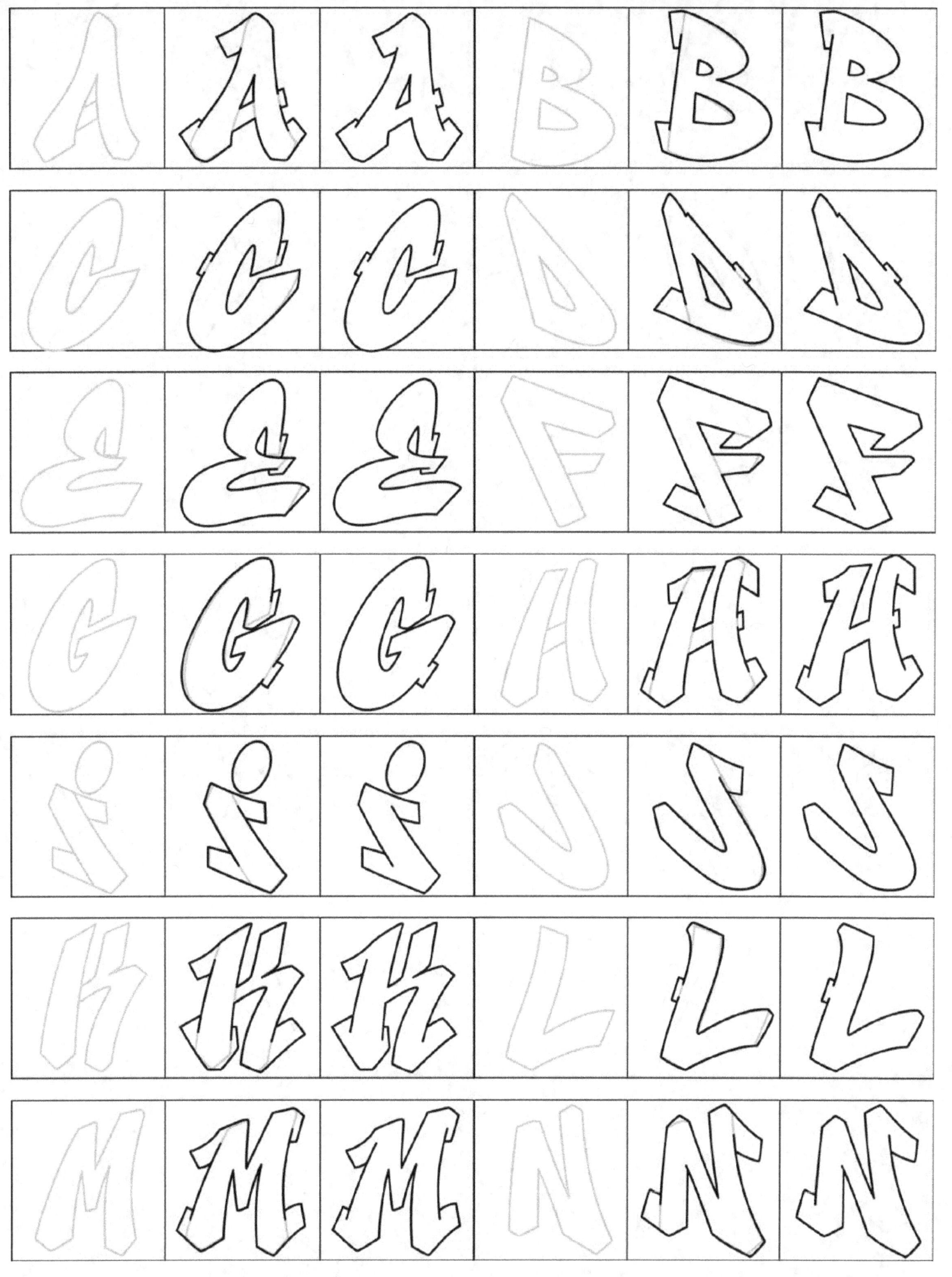

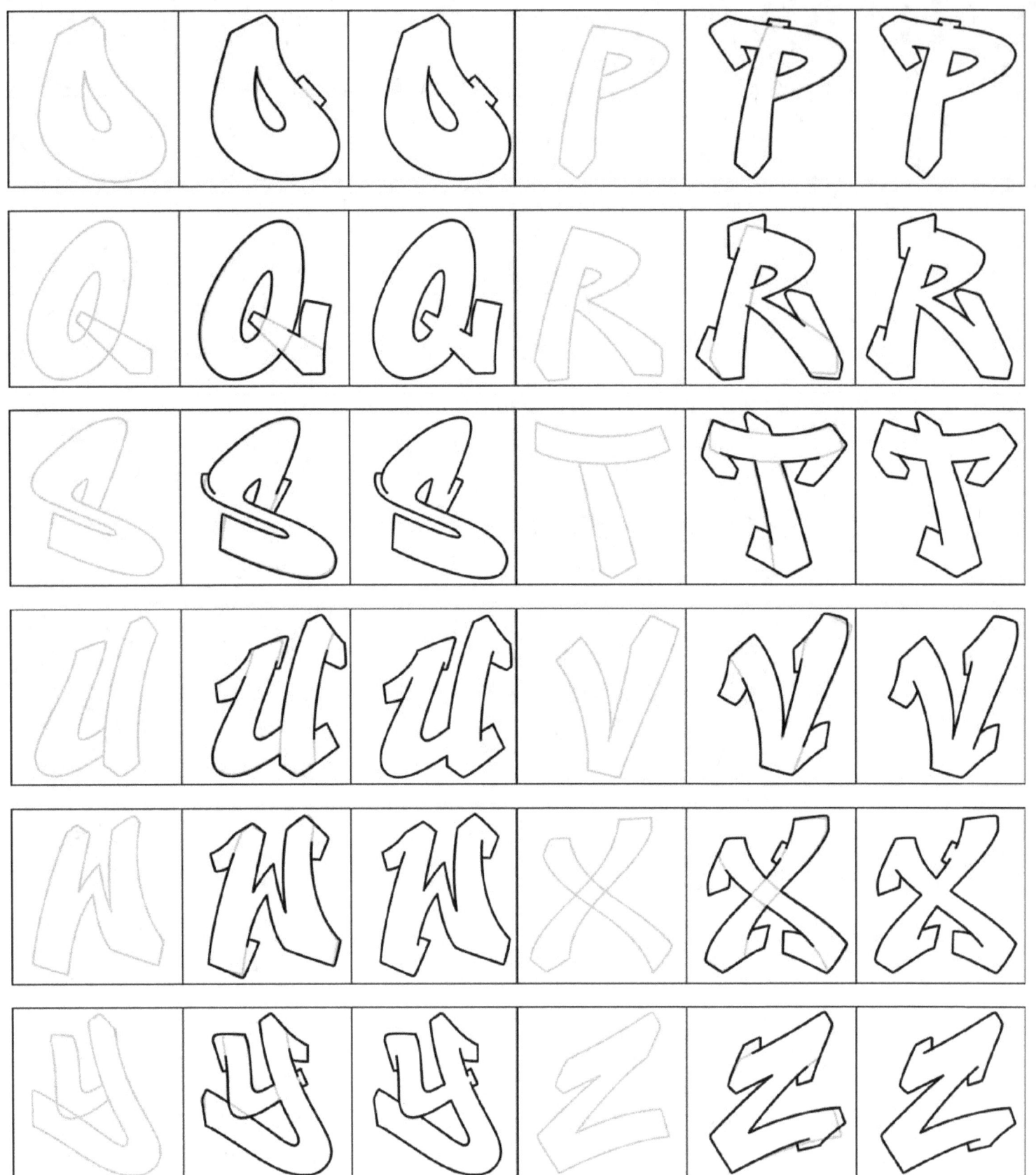

ABC STYLE 08

ABCDEF
GHIJKL
MNOPQR
STUVWX
YZ

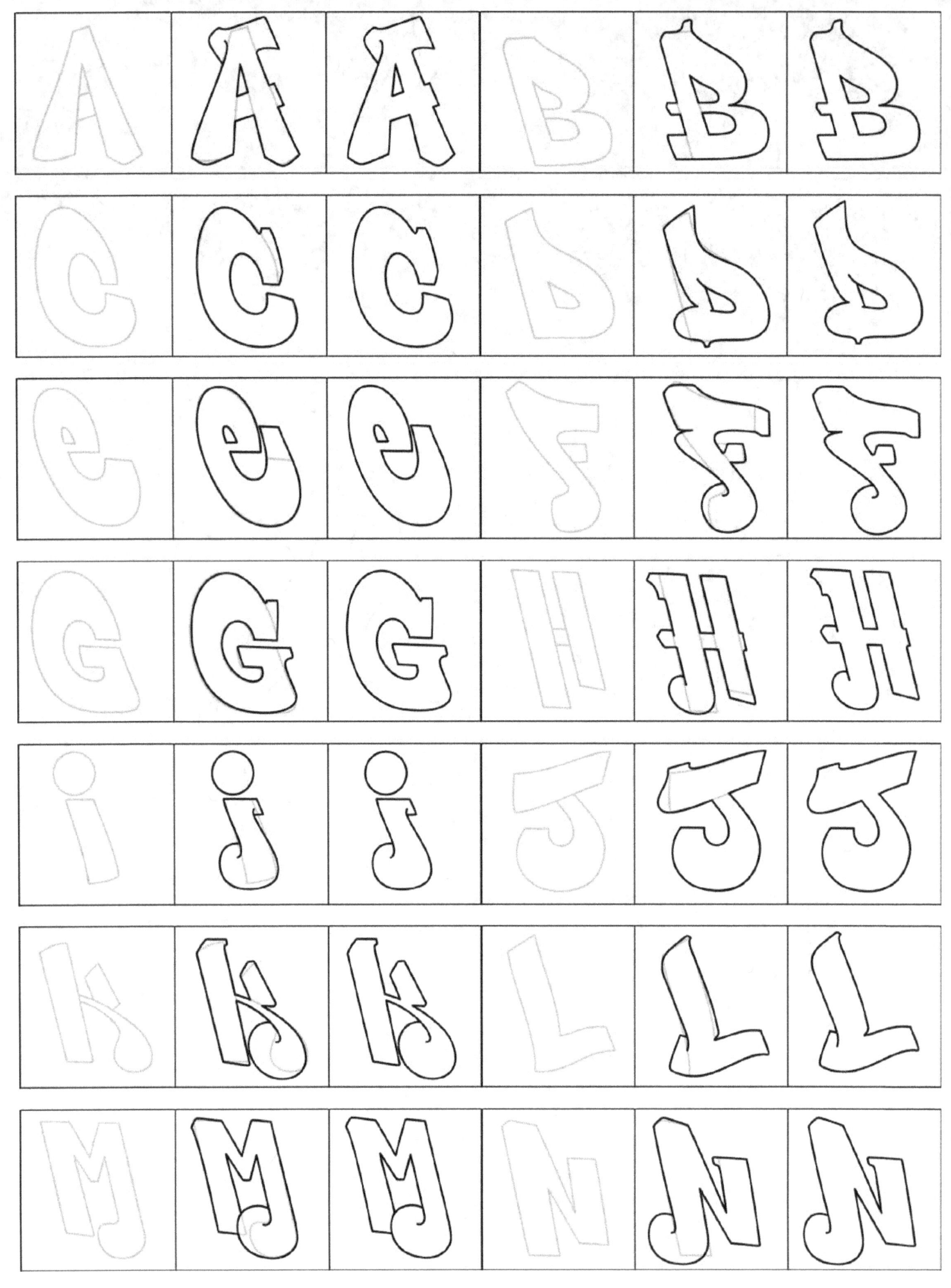

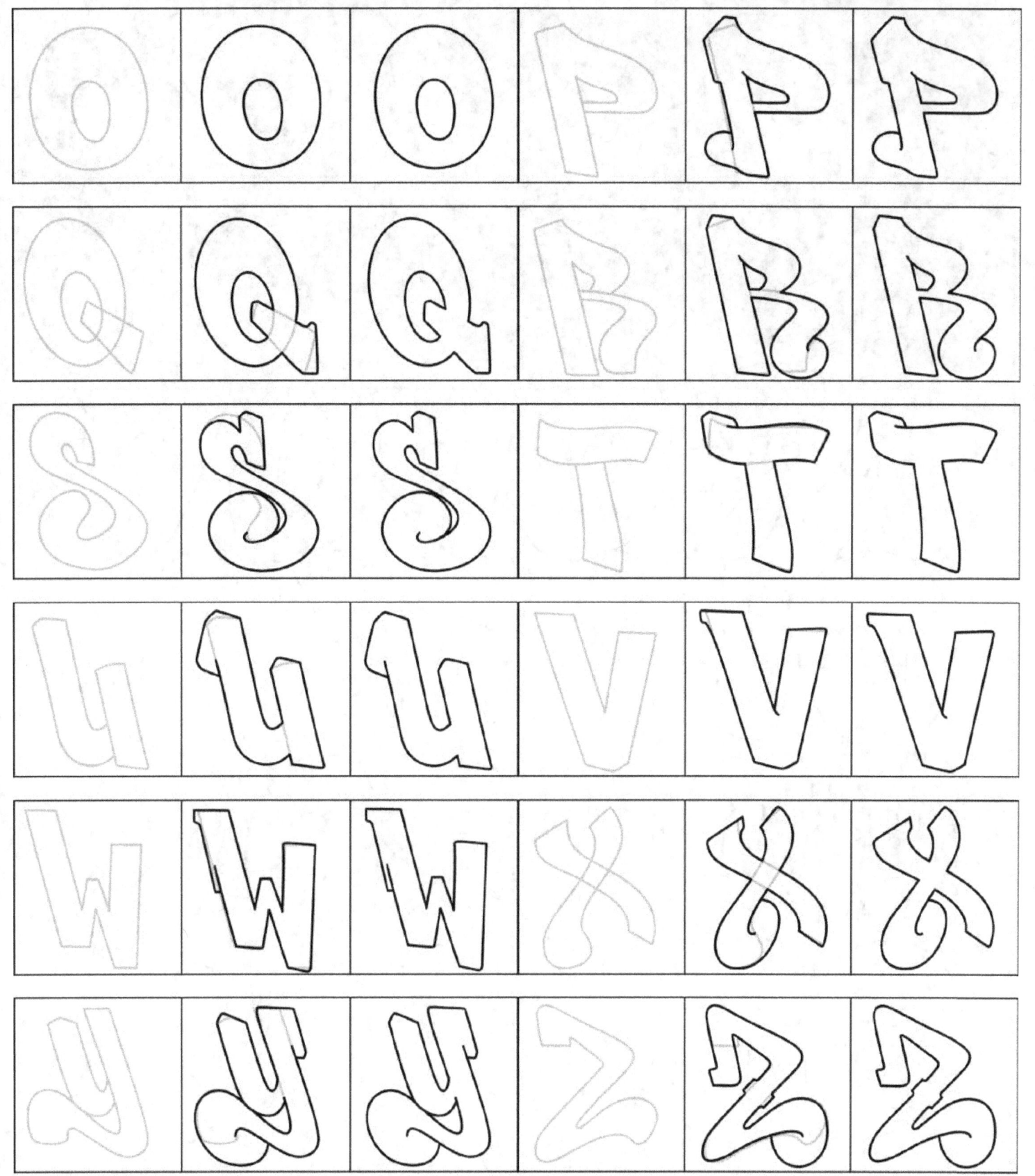

ABC STYLE 09

ABCDEF
GHIJKL
MNOPQR
STUVWX
YZ

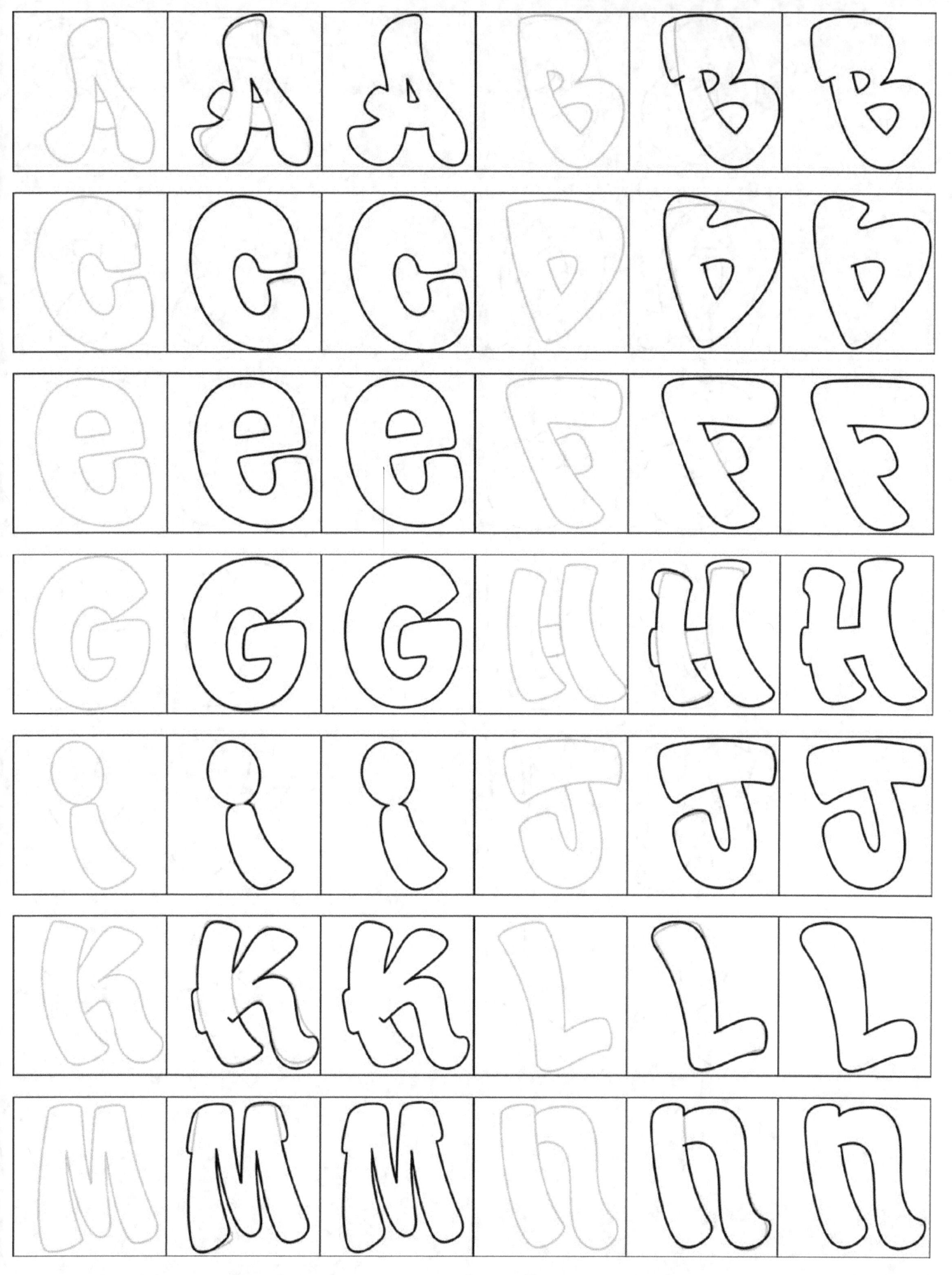

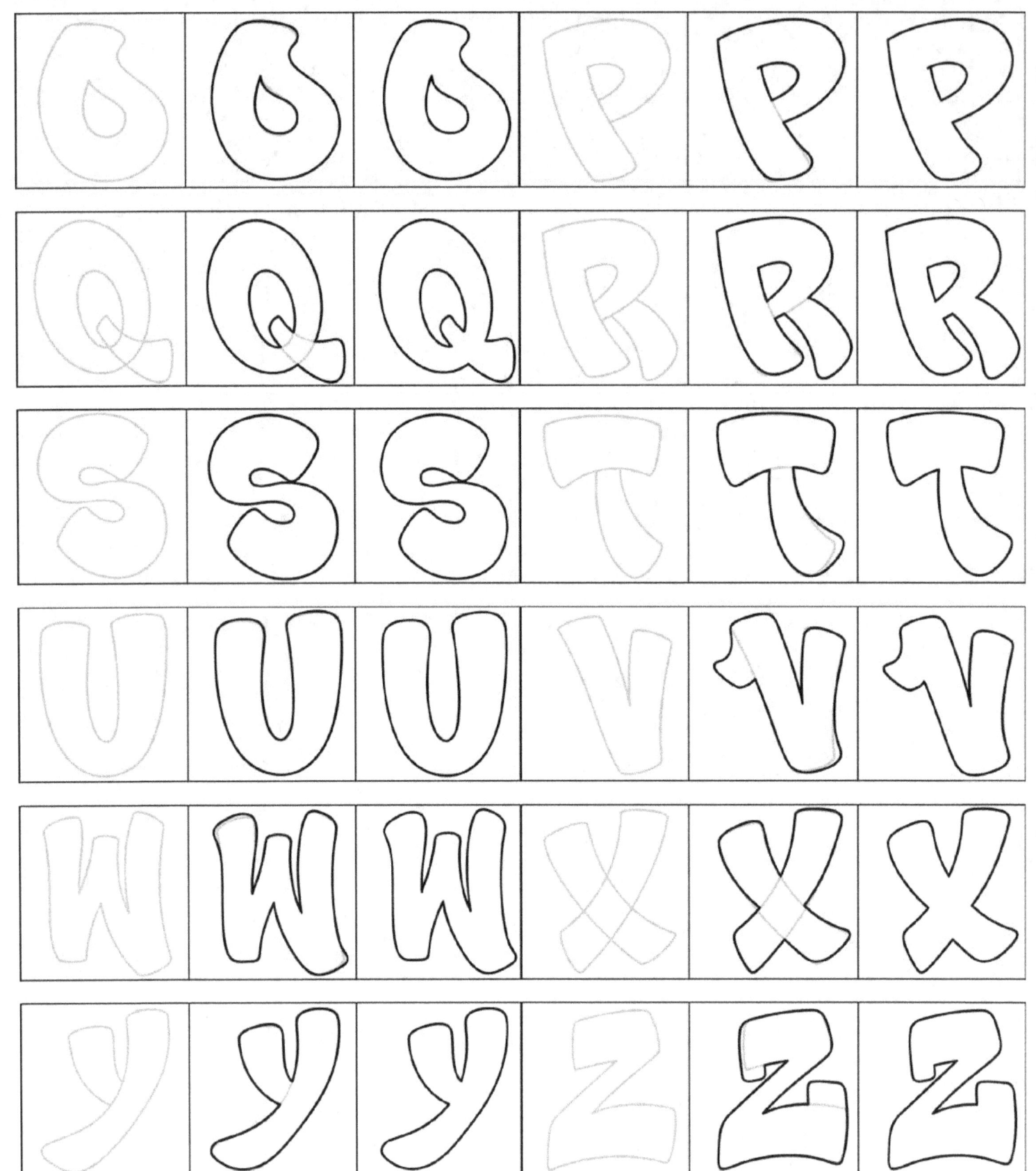

ABC STYLE 10

ABCDEF
GHIJKL
MNOPQR
STUVWX
YZ

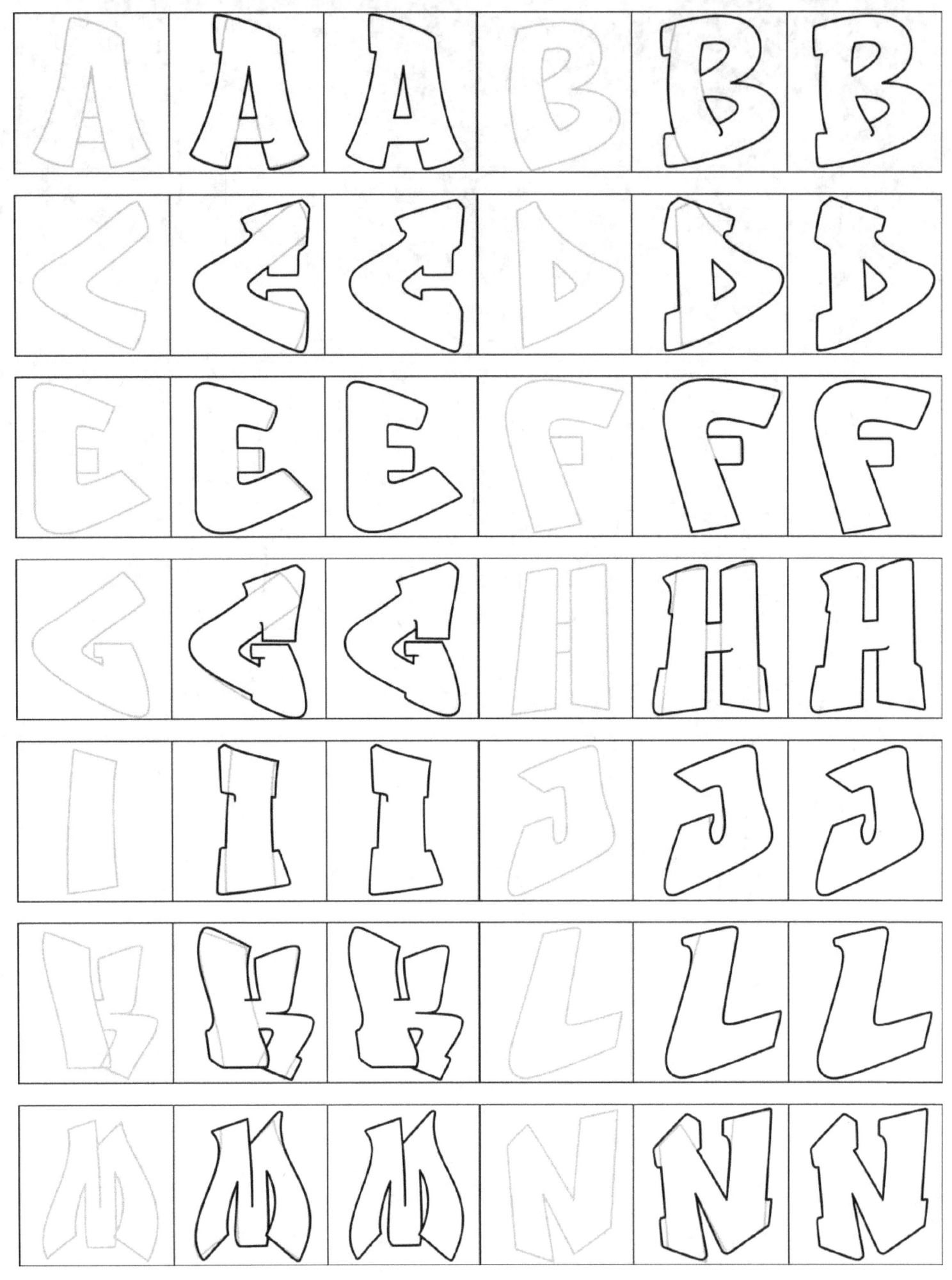

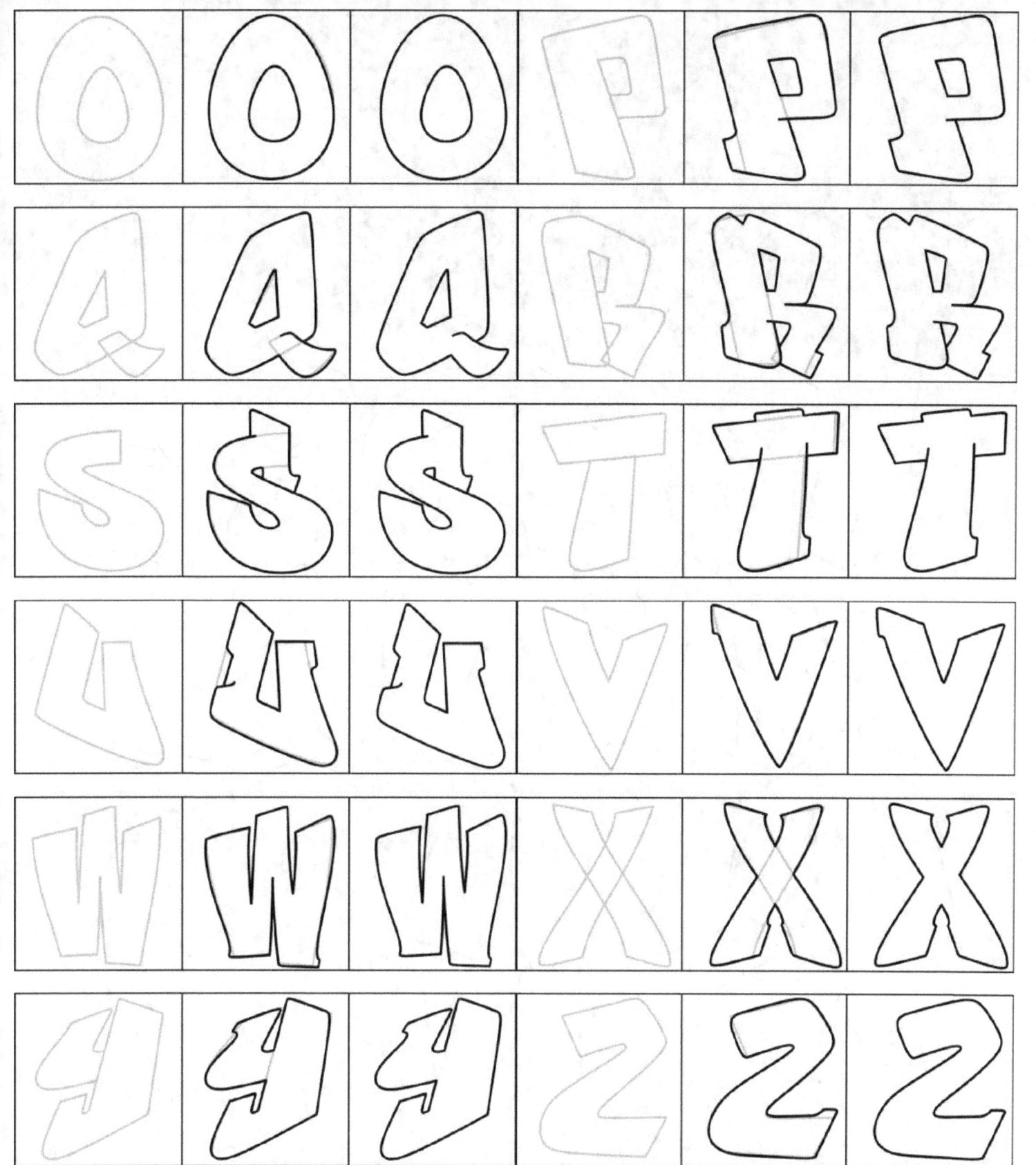

ABC STYLE 11

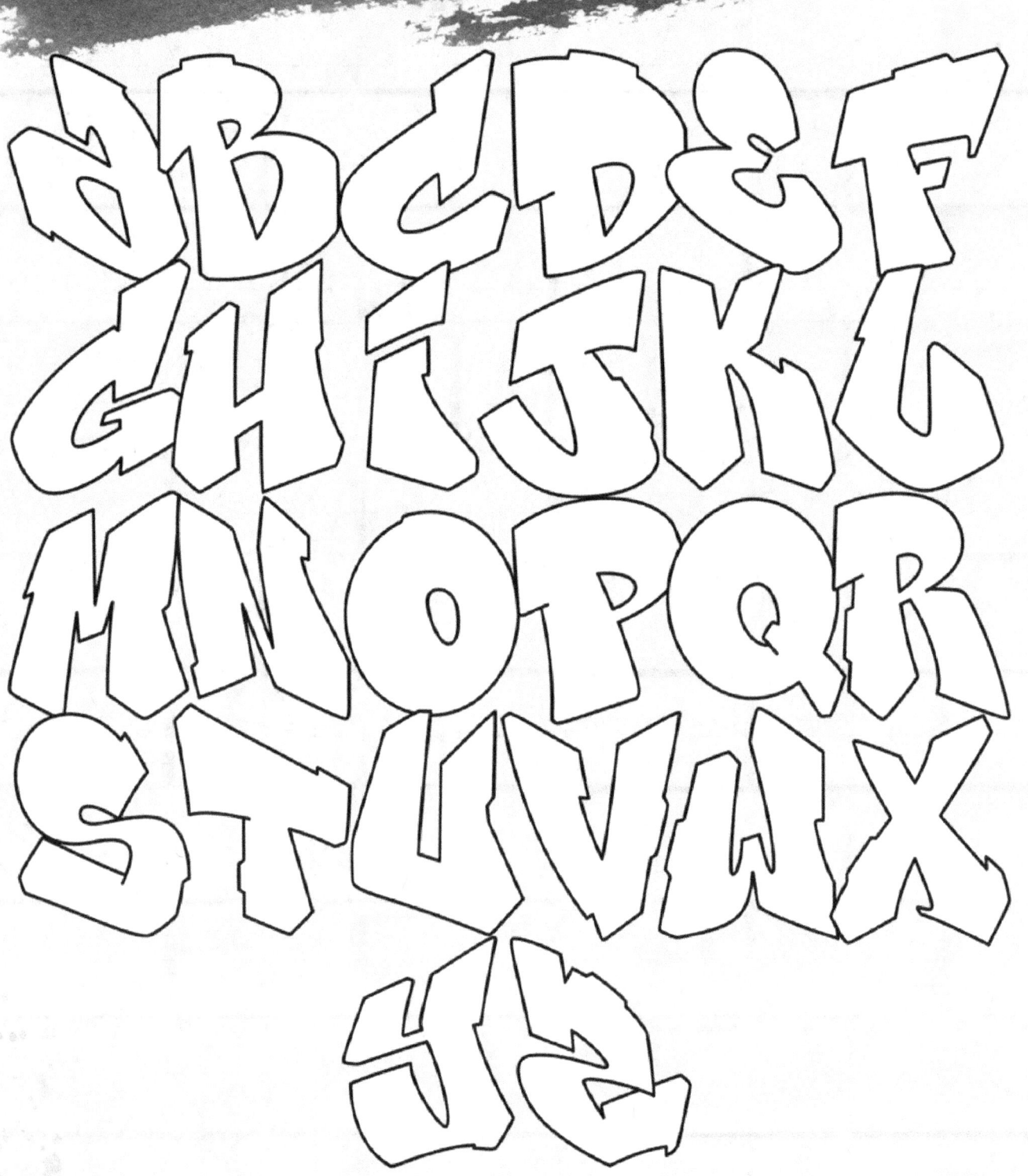

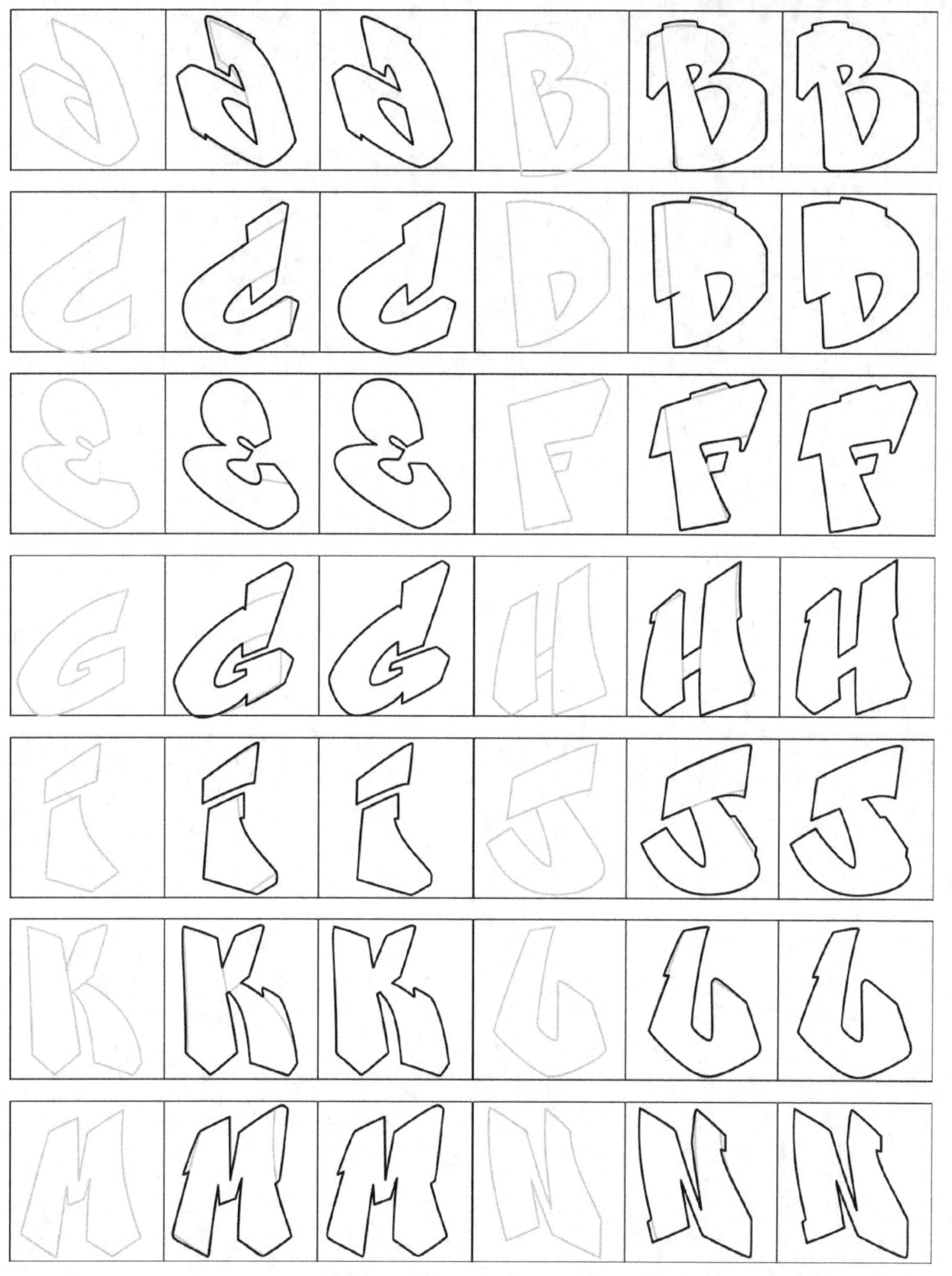

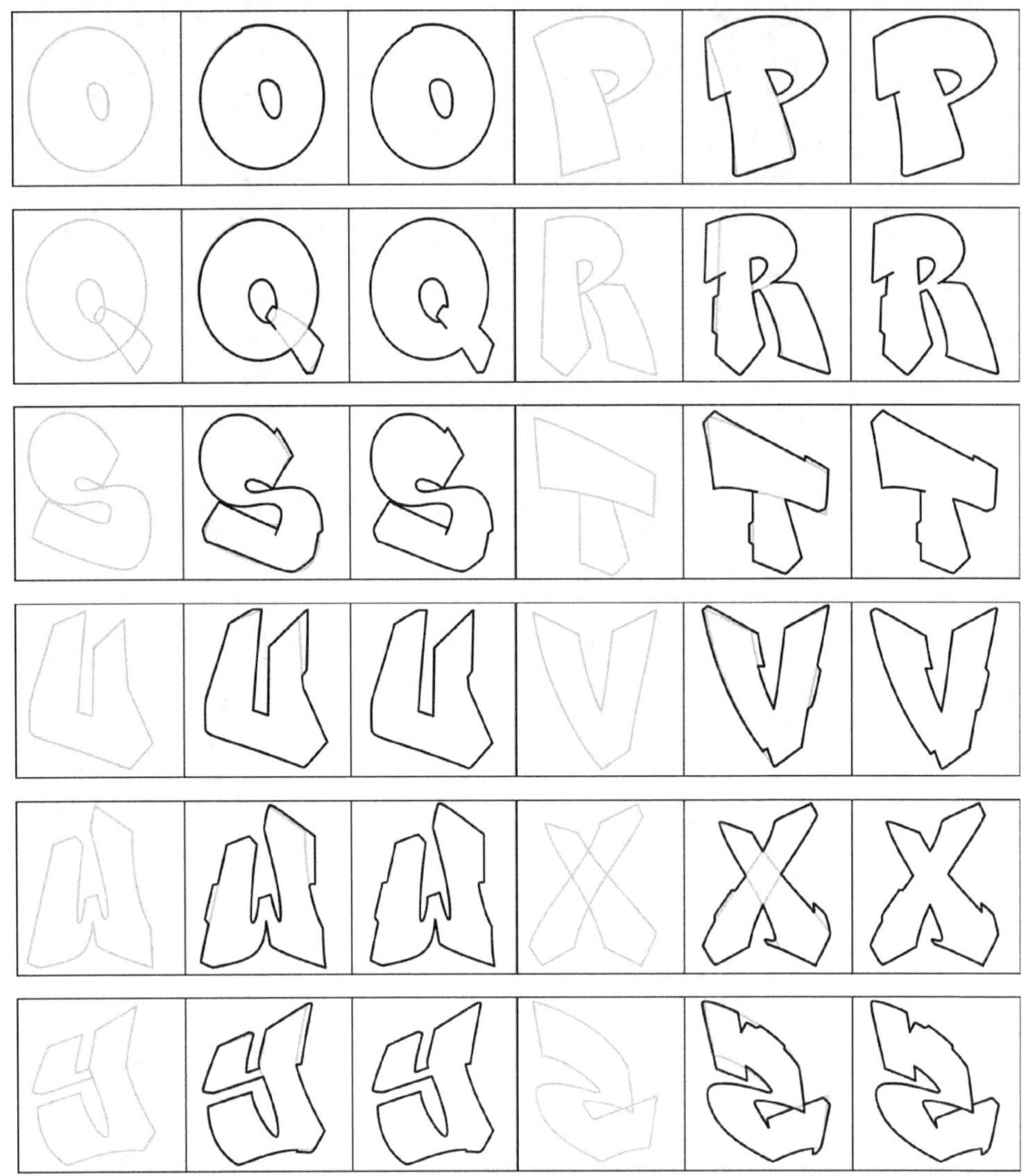

ABC STYLE 12

ABCDEF
GHIJKL
MNOPQR
STUVWX
YZ

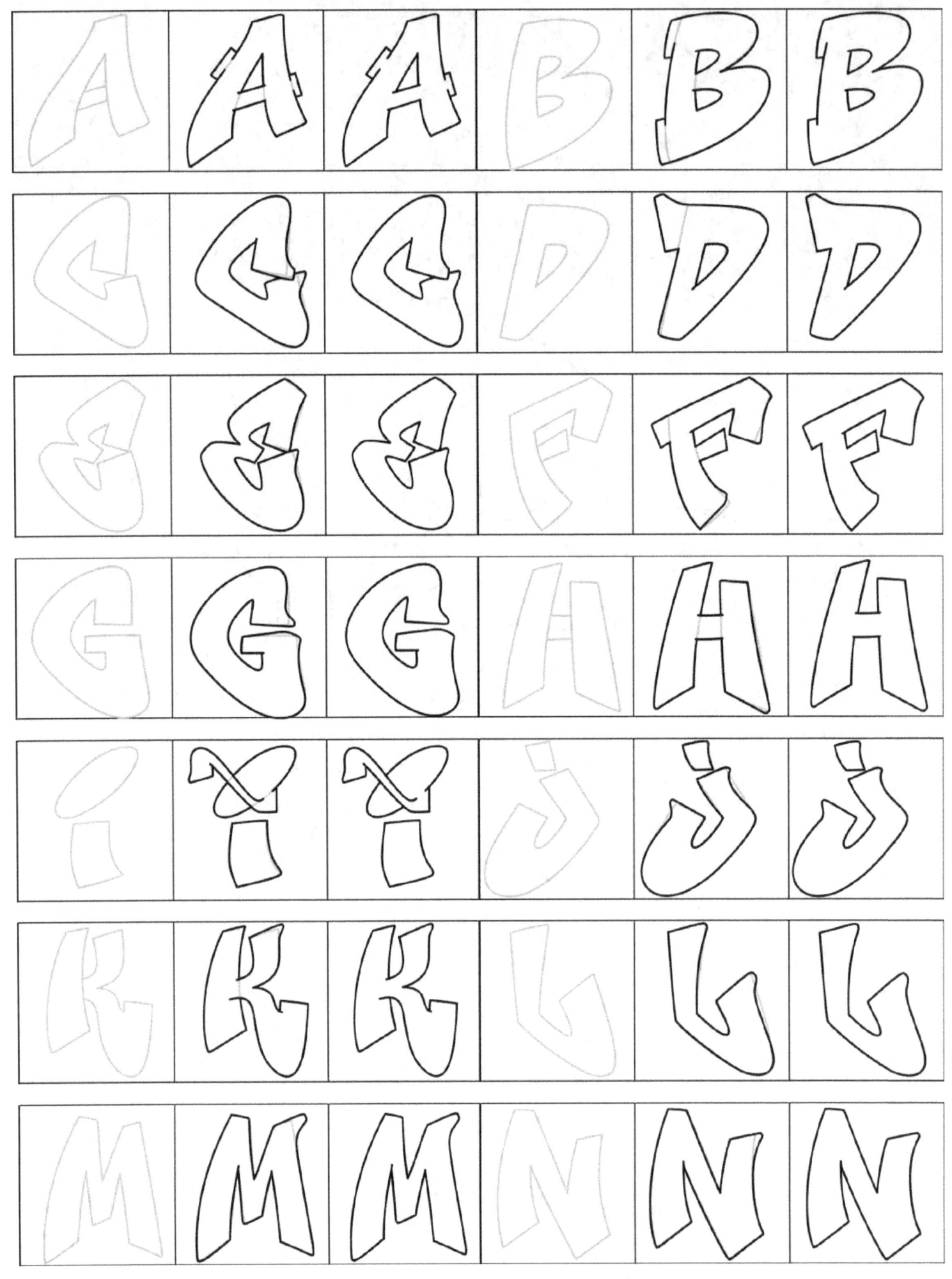

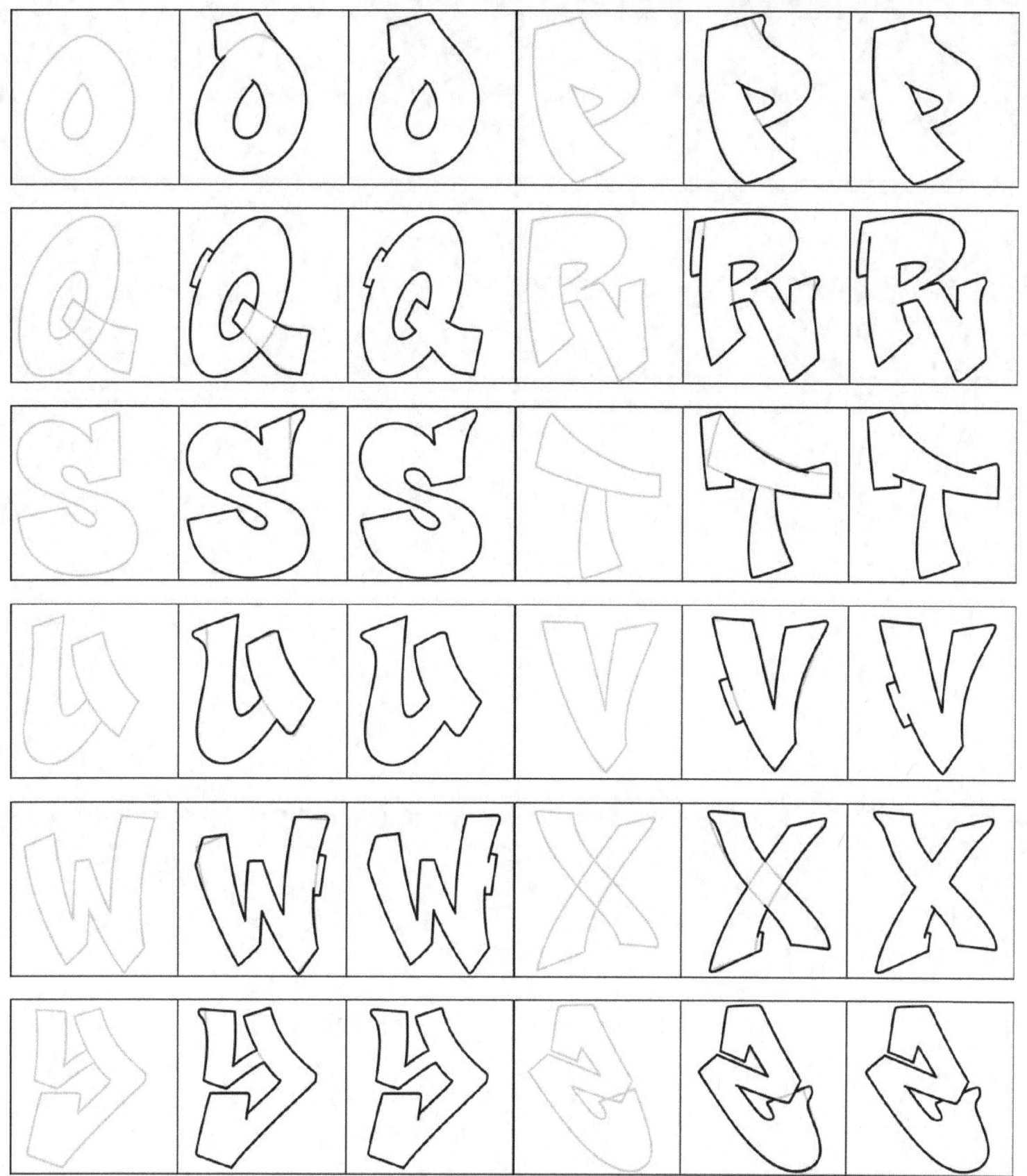

www.ingramcontent.com/pod-product-compliance
Lightning Source LLC
Chambersburg PA
CBHW082113220526
45472CB00009B/2166